BEGINNING

ACTIVATOR READING for the TOEFL iBT®

INTRODUCTION

- ACTIVATOR Reading for the TOEFL iBT® is a test prep series, designed to develop reading skills for students who want to improve their score on the TOEFL iBT®. The series offers a wide range of English proficiency skills for beginners to advanced learners.

- ACTIVATOR Reading for the TOEFL iBT® provides essential and accurate strategies for all types of TOEFL® questions in the reading section. It also offers step-by-step exercises to help test takers answer the questions easily.

- ACTIVATOR Reading for the TOEFL iBT® uses vocabulary, expressions and sentence structures appropriate for each level. The relative difficulties, passage lengths and contents are subdivided into levels from the beginning to the expert.

- ACTIVATOR Reading for the TOEFL iBT® is an effective language educational resource to prepare for the TOEFL iBT®. It provides various exercises, including progress and actual tests, vocabulary check-ups and other important learning tools.

About the TOEFL iBT®

The TOEFL iBT®(Internet-based test) consists of four sections: Reading, Listening, Speaking and Writing.

- The test is about two hours long.
- Note-taking is allowed for all sections.
- The score will be reported online.
- Tests will be gone through in test centers around the world.

The Format of the TOEFL iBT®

SECTION / POINT	READING	LISTENING	SPEAKING	WRITING
Questions	2 passages ・10 questions each 20 questions in total	3 lectures ・6 questions each 2 conversations ・5 questions each 28 questions in total	1 independent task 3 integrated tasks (read/listen/speak, listen/speak) 4 tasks in total	1 integrated task (read/listen/write) 1 academic discussion task 2 tasks in total
Time Limit (Minutes)	35	36	16	29
Score (Points)	0~30	0~30	0~30	0~30
Tips	・allows note-taking ・provides pictures in some passages ・passages (academic topics)	・allows note-taking ・pronunciation (Multi-English) ・lectures (academic topics) conversations (campus life)	・allows note-taking ・speak into a microphone connected to a headset ・preference/choice (general topics) passages/lectures /conversations (academic topics, campus situation topics)	・allows note-taking ・only typing is allowed ・passages/lectures (academic topics) preference/agree & disagree (general topics)

* No Break Time

* Beginning July 26, 2023

Tips for the TOEFL iBT® Reading Section

QUESTION TYPES

There are ten question types in the Reading section. (35 min.)

1. What is the main idea of the passage? (Main Idea)
2. The word _____ in paragraph _____ is closest in meaning to (Vocabulary)
3. The word _____ in the passage refers to (Reference)
4. It is stated in paragraph _____ that (Fact)
   All of the following are true EXCEPT (that) (Negative Fact)
5. Which of the sentences below best expresses the essential information in the highlighted sentence in the passage? *Incorrect* choices change the meaning in important ways or leave out essential information. (Sentence Simplification)
6. Why does the author mention _____ in paragraph _____ ? (Rhetorical Purpose)
7. What can be inferred about ...? (Inference)
8. Look at the four squares [■] that indicate where the following sentence could be added to the passage.
   Where would the sentence best fit? (Insertion)
9. **Directions:** An introductory sentence for a brief summary of the passage is provided below. Complete the summary by selecting the THREE answer choices that express the most important ideas in the passage. Some sentences do not belong in the summary because they express ideas that are not presented in the passage or are minor ideas in the passage. (Summary)

   -
   -
   -

10. **Directions:** Select the appropriate phrases from the answer choices and match them to the category to which they relate. TWO of the answer choices will NOT be used. (Category Chart)

Answer Choices	Topic 1
(A)	·
(B)	·
(C)	
(D)	Topic 2
(E)	·
(F)	·
(G)	·

TIPS

- Read various subjects frequently and increase your background knowledge.
- Improve vocabulary and practice to figure out the meaning of vocabulary in context.
- Build up the ability of skimming and scanning to get main ideas and points.
- Practice note-taking.
- Drill paraphrasing and summarizing skills to understand the organization of the passage.
- Get some computer practice and become familiar with the format and directions.

Test Organization and Time Schedule

Task(Question)	Task Description	Materials (Number of Questions)	Timing
Main Idea	choose the main sentence or phrase	2 passages 10 questions each 20 questions in total	35 min.
Vocabulary	perceive the meaning of a word or phrase in context		
Reference	find out what a pronoun or other reference word refers to		
Fact and Negative Fact	select facts or negative facts from the passage		
Sentence Simplification	choose the best paraphrased sentence that includes all the key points		
Rhetorical Purpose	recognize the author's methods, attitude and purpose		
Inference	draw conclusions based on information in the passage		
Insertion	put a given sentence into the correct place in the passage		
Summary	choose three answer choices out of six to create a summary of the passage		
Category Chart	classify the given answer choices in the proper category in the chart		

SPECIAL FEATURES & ORGANIZATION OF THE BOOK

ACTIVATOR READING FOR THE TOEFL iBT® BEGINNING PROVIDES:

- A wide variety of activities including tests
- Detailed test-taking strategies and practical tips
- Efficient reviews and quizzes to expand vocabulary
- A step-by-step learning process to improve essential reading skills
- Additional comprehension questions to reinforce reading and writing skills
- Thematic units to develop academic reading skills in English while building confidence in test-taking

Overviews tell what the questions are about with samples for students to better understand them.

OVERVIEW

Every chapter introduces a certain type of question with useful strategies. Students can read the explanation and do the sample exercise for a check-up.

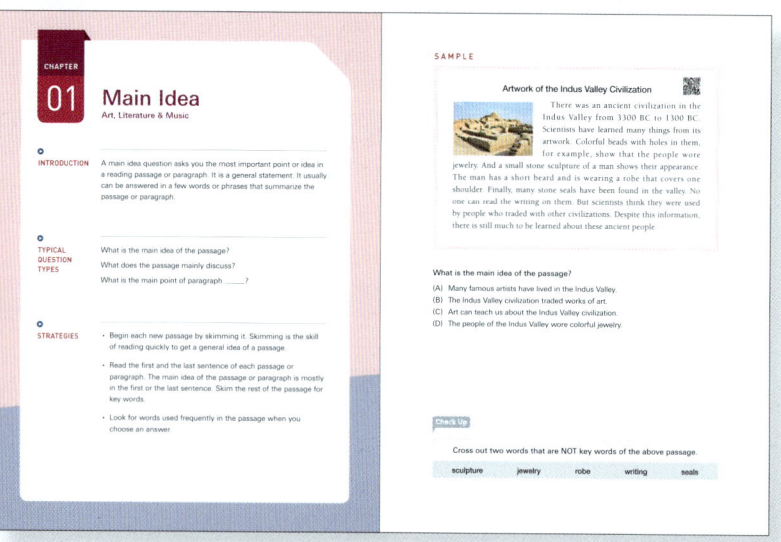

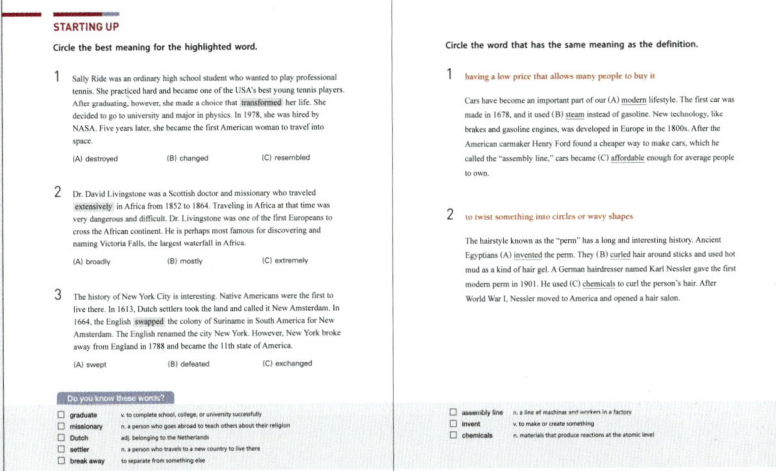

Starting Ups include a vocabulary list for students to check their knowledge of vocabulary and expand it.

STARTING UP

Starting Ups present several short passages for students to get used to the question type presented in each chapter.

Vocabulary provides activities to help students grasp the exact meaning and proper usage of the words and phrases.

VOCABULARY

Vocabulary offers a list of words and phrases to facilitate reading comprehension in advance.

Building Ups offer comprehension quizzes for students to write down answers to detail questions to enhance their understanding of each passage.

BUILDING UP

Building Ups are exercise parts to improve students' reading and question-solving skills.

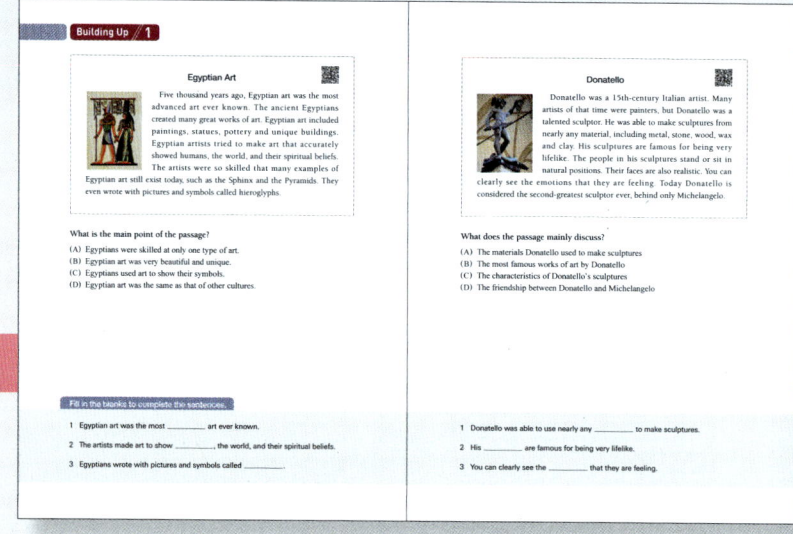

Challenge TOEFL iBT®'s present the format similar to that of the actual TOEFL iBT® for students to get used to a real test-taking situation and to have a chance to check what they have learned in each chapter.

CHALLENGE
TOEFL iBT®

Challenge TOEFL iBT®'s are final check-ups for students.

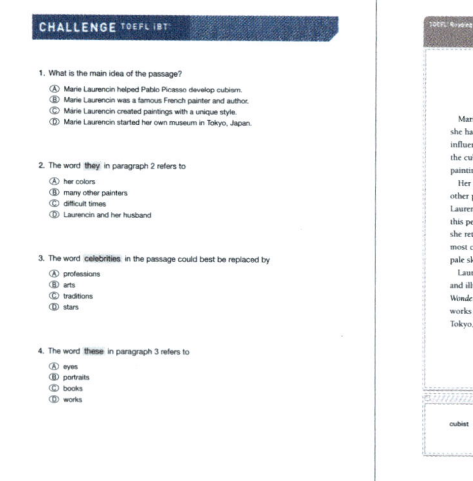 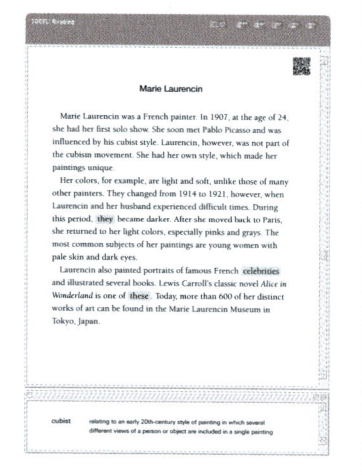

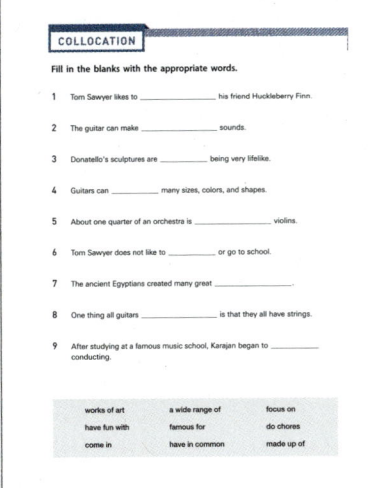

Collocation helps students learn the meaning and usage of two or more words combined together so that their vocabulary further expands.

COLLOCATION

Collocation presents activities for students to practice the lexical collocation from the previous passages.

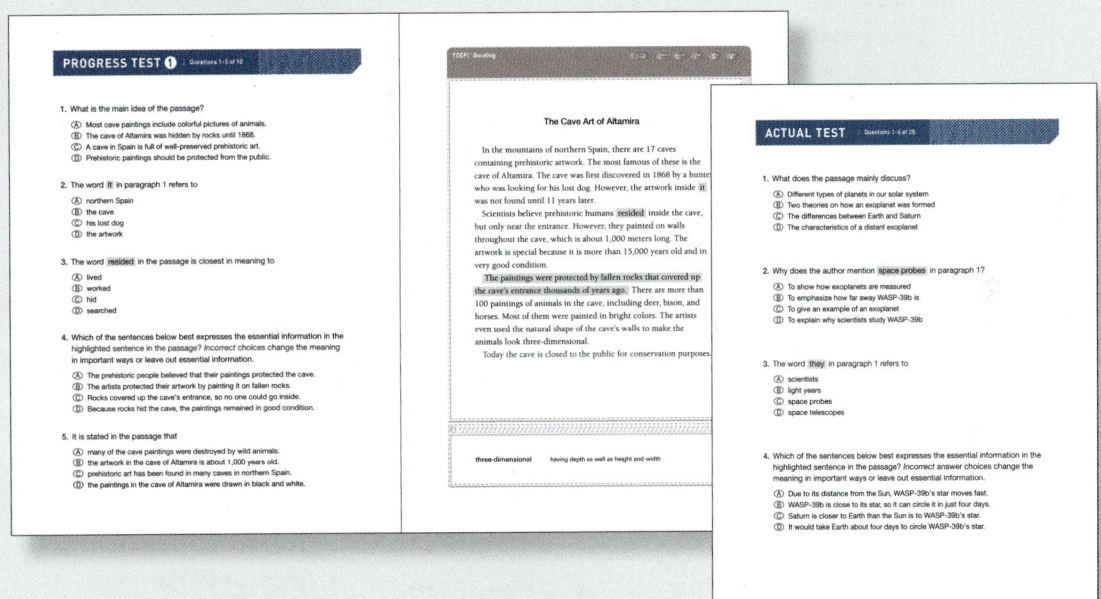

Progress Tests and Actual Test are given as comprehensive check-ups for students to evaluate their knowledge and skills.

PROGRESS TEST & ACTUAL TEST

Progress Tests are provided after each part while Actual Test is given at the end of the book in the actual format of the TOEFL iBT®.

ACTIVATOR READING for the TOEFL iBT®

CONTENTS

PART 1

BASIC COMPREHENSION

CHAPTER 01	Main Idea _ Art, Literature & Music	13
CHAPTER 02	Vocabulary _ History	27
CHAPTER 03	Reference _ People	41
CHAPTER 04	Fact and Negative Fact _ Animals & Plants	55
CHAPTER 05	Sentence Simplification _ Geology	69

PROGRESS TEST 1 ········ 83

PART 2

READING TO LEARN

CHAPTER 06	Rhetorical Purpose _ Culture & Holidays	89
CHAPTER 07	Inference _ Environment	103
CHAPTER 08	Insertion _ Space	119
CHAPTER 09	Summary _ Health & Sports	135
CHAPTER 10	Category Chart _ Geography	151

PROGRESS TEST 2 ········ 167

ACTUAL TEST ········ 173

ACTIVATOR READING for the TOEFL iBT®

PART 1

Basic Comprehension

CHAPTER

01

MAIN IDEA

Art, Literature & Music

Students will learn how to find the main idea of a passage. They will practice skimming paragraphs for general ideas and scanning for key words.

CHAPTER 01

Main Idea
Art, Literature & Music

INTRODUCTION

A main idea question asks you the most important point or idea in a reading passage or paragraph. It is a general statement. It usually can be answered in a few words or phrases that summarize the passage or paragraph.

TYPICAL QUESTION TYPES

What is the main idea of the passage?

What does the passage mainly discuss?

What is the main point of paragraph _____?

STRATEGIES

- Begin each new passage by skimming it. Skimming is the skill of reading quickly to get a general idea of a passage.

- Read the first and the last sentence of each passage or paragraph. The main idea of the passage or paragraph is mostly in the first or the last sentence. Skim the rest of the passage for key words.

- Look for words used frequently in the passage when you choose an answer.

SAMPLE

Artwork of the Indus Valley Civilization

There was an ancient civilization in the Indus Valley from 3300 BC to 1300 BC. Scientists have learned many things from its artwork. Colorful beads with holes in them, for example, show that the people wore jewelry. And a small stone sculpture of a man shows their appearance. The man has a short beard and is wearing a robe that covers one shoulder. Finally, many stone seals have been found in the valley. No one can read the writing on them. But scientists think they were used by people who traded with other civilizations. Despite this information, there is still much to be learned about these ancient people.

What is the main idea of the passage?

(A) Many famous artists have lived in the Indus Valley.
(B) The Indus Valley civilization traded works of art.
(C) Art can teach us about the Indus Valley civilization.
(D) The people of the Indus Valley wore colorful jewelry.

Check Up

Cross out two words that are NOT key words of the above passage.

| sculpture | jewelry | robe | writing | seals |

STARTING UP

Circle the main idea of each passage.

1 Filmmaker George Lucas has enjoyed a successful career. Since releasing his first film in 1971, he has directed, produced and written many movies. However, he will always be remembered for two unforgettable movie series: *Star Wars* and *Indiana Jones*. He created the *Indiana Jones* movies with Stephen Spielberg. These films are loved by people all around the world to this day.

(A) George Lucas worked together with Stephen Spielberg.
(B) George Lucas created some very memorable movies.

2 Joseph Conrad is one of the most loved English-language writers. This is amazing because he did not learn English until he was almost 20 years old. He was born in Poland and became a sailor at the age of 17. He had a chance to work on a British ship and became a British citizen. He sailed to Southeast Asia and Africa. Later, he used these experiences in his novels.

(A) Joseph Conrad's life at sea inspired his writing.
(B) Joseph Conrad's English skills helped him write his novels.

3 Edward Hopper was born in 1882 near New York City. His dream was to be a painter, but few people were interested in his artwork. So he had to get a job drawing advertisements. This was a very difficult time for him. Finally, in 1923, a museum agreed to show six of Hopper's paintings. People loved them, and Hopper's life changed. Today he is remembered as a great modern painter.

(A) Edward Hopper's advertisement drawings
(B) Edward Hopper's artistic journey to success

Do you know these words?

☑	successful	adj. having achieved what was desired or intended
☐	release	v. to make a movie or recording available to the public
☐	experience	n. the knowledge or skills that you have gained in your lifetime
☐	inspire	v. to stimulate someone into artistic activity
☐	advertisement	n. a notice promoting a product, service, or event

4 (A) People use cameras to capture images. This process is called photography. In the past, the images were recorded on film. (B) Today, most people use digital cameras. Scientists use photography to record and study movements, the police use it for data storage, and artists try to express beauty through photography. It is also used to keep memories of fun times and important events. (C) The uses of photography are wide and varied.

5 (A) The guitar is a stringed musical instrument. Guitars can be divided into two categories, acoustic and electric. They can come in many sizes, colors, and shapes. One thing all guitars have in common is that they all have strings. (B) Guitars are played with two hands. One hand plucks the strings, and other hand holds them to control the sound. (C) The guitar can make a wide range of sounds.

☐	capture	v. to accurately record something
☐	stringed	adj. having strings
☐	acoustic	adj. not made louder with electricity
☐	electric	adj. made louder with electricity
☐	pluck	v. to make a sound on a string by pulling it

VOCABULARY

Write the meaning of each word in Korean.

advanced   adj. having progressed or developed well
syn. higher
Computer technology in this country was advanced.   _____

ancient   adj. of or from a long time ago
The ancient people believed in many gods.   _____

accurately   adv. in a correct way; making no mistakes
syn. correctly
The new graphic program makes maps accurately.   _____

sculptor   n. an artist who makes sculptures
The sculptor liked to work with clay.   _____

material   n. anything used for constructing something else
syn. matter
What material was used to construct the bridge?   _____

chore   n. a task usually done in the home
Paul's chores included sweeping the floors.   _____

naughty   adj. badly behaved
syn. mischievous
The naughty boy pulled the cat by the tail.   _____

crime   n. an illegal act or activity
syn. law-breaking
The police are trying to solve the crime.   _____

impressive   adj. producing a strong effect
syn. memorable
The ballet performance was impressive.   _____

cruel   adj. taking pleasure in making others unhappy
syn. inhumane
Some children can be cruel towards their pets.   _____

Match the words with their synonyms.

1 naughty   a matter
2 impressive   b correctly
3 material   c inhumane
4 advanced   d memorable
5 cruel   e higher
6 accurately   f mischievous

Complete the sentences with the words below.

| ancient | accurately | chores | sculptor | crime |

1 The _____ made a statue of a mermaid by the river.

2 A knife was found at the scene of the _____.

3 Ray will go shopping when he has done his _____.

4 People have lived in this valley since _____ times.

5 In the novel, life in Madrid was described very _____.

Building Up 1

Egyptian Art

Five thousand years ago, Egyptian art was the most advanced art ever known. The ancient Egyptians created many great works of art. Egyptian art included paintings, statues, pottery and unique buildings. Egyptian artists tried to make art that accurately showed humans, the world, and their spiritual beliefs. The artists were so skilled that many examples of Egyptian art still exist today, such as the Sphinx and the Pyramids. They even wrote with pictures and symbols called hieroglyphs.

What is the main point of the passage?

(A) Egyptians were skilled at only one type of art.
(B) Egyptian art was very beautiful and unique.
(C) Egyptians used art to show their symbols.
(D) Egyptian art was the same as that of other cultures.

Fill in the blanks to complete the sentences.

1 Egyptian art was the most _____ art ever known.

2 The artists made art to show _____, the world, and their spiritual beliefs.

3 Egyptians wrote with pictures and symbols called _____.

Donatello

Donatello was a 15th-century Italian artist. Many artists of that time were painters, but Donatello was a talented sculptor. He was able to make sculptures from nearly any material, including metal, stone, wood, wax and clay. His sculptures are famous for being very lifelike. The people in his sculptures stand or sit in natural positions. Their faces are also realistic. You can clearly see the emotions that they are feeling. Today Donatello is considered the second-greatest sculptor ever, behind only Michelangelo.

What does the passage mainly discuss?

(A) The materials Donatello used to make sculptures
(B) The most famous works of art by Donatello
(C) The characteristics of Donatello's sculptures
(D) The friendship between Donatello and Michelangelo

1 Donatello was able to use nearly any _____ to make sculptures.

2 His _____ are famous for being very lifelike.

3 You can clearly see the _____ that they are feeling.

Building Up 2

The Adventures of Tom Sawyer

Tom Sawyer is a character in a famous book by Mark Twain. Tom is a young boy who enjoys things that all boys enjoy. In the book, we learn that he likes to have fun with his friend Huckleberry Finn and does not like to do chores or go to school.

Tom is a naughty boy, but his heart is good. He lives with his aunt and cousin. His aunt worries about Tom because he is so naughty. In a series of adventures Tom explores a cave, solves a crime, saves his friend Becky, and finds a secret treasure. Throughout all his adventures, Tom is guided by his bravery and curiosity.

1. What is the main idea of paragraph 1?

   (A) Tom Sawyer is a famous book.
   (B) Tom Sawyer is a famous character with a realistic personality.
   (C) Tom Sawyer has many friends who help him.
   (D) Tom Sawyer goes to school with Huckleberry Finn.

2. What is the main point of paragraph 2?

   (A) Tom's aunt does not trust him, so Tom becomes naughty.
   (B) Tom's friends help him many times in his adventures.
   (C) Tom's aunt has many adventures with Tom's friends.
   (D) Tom sometimes causes trouble, but he is a good boy.

Write the answer.

What is Tom guided by throughout his adventures?

_____

First Violins

There are many musical instruments in an orchestra. One of the most impressive is the violin. The violin creates many different sounds and can make listeners feel joy or sadness. About one quarter of an orchestra is made up of violins. These violins are divided into two groups. The second violins support the first violins by playing the harmony.

The first violins, on the other hand, play the melody, which is more complicated. They also play solos. The leader of the first violins is called the concertmaster. In the first violin section, he or she sits nearest to the conductor. In fact, the concertmaster acts like a conductor for the other first violins. The next time you go to a classical music concert, try to find the first violins.

1 What is the main idea of paragraph 1?

(A) Violins are not only used in classical music.
(B) There are different kinds of orchestras.
(C) Music can make sad people feel happier.
(D) Violins play an important role in orchestras.

2 What does paragraph 2 mainly discuss?

(A) The two roles of the conductor
(B) The responsibilities of the first violins
(C) The difficulty of playing the melody
(D) How violinists become concertmasters

What do the second violins do?

_____

CHALLENGE TOEFL iBT®

1. What is the main idea of the passage?

   Ⓐ Karajan was the first conductor to record his performances.
   Ⓑ Two different philharmonics were founded by Karajan.
   Ⓒ After leaving Germany, Karajan changed his musical style.
   Ⓓ Karajan was not a perfect man, but he was a great conductor.

2. What does paragraph 2 mainly discuss?

   Ⓐ Karajan's reasons for leaving Germany
   Ⓑ Karajan's achievements after World War II
   Ⓒ Karajan's most famous musical recordings
   Ⓓ Karajan's experiences during World War II

3. What was Karajan's talent before he became a conductor?

   Ⓐ Recording music
   Ⓑ Teaching music
   Ⓒ Playing the piano
   Ⓓ Composing songs

4. What did some musicians dislike about Karajan?

   Ⓐ His Austrian nationality
   Ⓑ His relationship with other conductors
   Ⓒ His musical taste
   Ⓓ His strong personality

Herbert von Karajan

Herbert von Karajan was born in Austria in 1908. As a child, he was a talented piano player. After studying at a famous music school, he began to focus on conducting. In 1933, he conducted his first concert and soon moved to Germany, where he became one of Europe's greatest conductors.

He left Germany during World War II, but later returned. In 1956, he was named "conductor for life" of the Berlin Philharmonic. He also continued to work closely with the Vienna Philharmonic. During this period, performances of orchestras conducted by Karajan were often recorded. It is estimated that he sold about 200 million albums, more than any other classical music recording artist.

Some musicians complained that Karajan was too strict and was never satisfied. He could also be cruel. However, he had a special skill for making orchestras perform beautifully. After he died in 1989, a music award and festival were named for him.

---

conduct   to direct the performance of musicians or a piece of music

COLLOCATION

Fill in the blanks with the appropriate words.

1. Tom Sawyer likes to _____ his friend Huckleberry Finn.

2. The guitar can make _____ sounds.

3. Donatello's sculptures are _____ being very lifelike.

4. Guitars can _____ many sizes, colors, and shapes.

5. About one quarter of an orchestra is _____ violins.

6. Tom Sawyer does not like to _____ or go to school.

7. The ancient Egyptians created many great _____.

8. One thing all guitars _____ is that they all have strings.

9. After studying at a famous music school, Karajan began to _____ conducting.

works of art	a wide range of	focus on
have fun with	famous for	do chores
come in	have in common	made up of

CHAPTER

02

VOCABULARY

History

Students will practice finding the meaning of vocabulary words in the text. Increasing one's vocabulary knowledge is essential to understanding passages.

CHAPTER 02

Vocabulary
History

INTRODUCTION

- "Vocabulary" means the words used in the passage.
- A vocabulary question asks you to choose the word or phrase that could replace or is closest in meaning to one in the passage.

TYPICAL QUESTION TYPES

The word _____ in the passage is closest in meaning to

The phrase _____ in paragraph _____ could best be replaced by

STRATEGIES

- Find the highlighted word or phrase in the passage.
- Read the passage carefully to find clues to the word's meaning.

Definition Clue:

Hard hits sometimes hurt players. A serious injury can make a player stop playing forever.
"Injury" means physical harm or damage, so "hurt" is a clue word.

Synonym or Antonym Clue:

Scientists invented useful gadgets . Modern life became more convenient because of these machines.
"Machine" is a synonym of "gadget," so "machines" is a clue word.

Context Clue:

The sticks are used to strike the drum.
"Stick" has a few different meanings. It means "to attach" as a verb or "a long thin piece of wood" as a noun. In this sentence, "sticks" can be replaced by "rods," not "to attach."

SAMPLE

The Discovery of America

Many people believe that Christopher Columbus discovered America in 1492. However, he was not actually the first person to "discover" it. Native Americans were the first people to find America. They walked on a land bridge to America from Asia. Later, around 990 AD, the Vikings discovered America in voyages from their colonies in Greenland. Some historians also believe that the Chinese discovered America during their sea travels in 1421.

colony　　a country controlled by a more powerful and distant country

---

1 The word discovered in the passage could best be replaced by

(A) examined
(B) found
(C) developed
(D) selected

2 The word voyages in the passage is closest in meaning to

(A) rowboats
(B) castles
(C) balloons
(D) travels

Check Up

Circle the right definition of bridge as it is used in the context of the passage.

(A) a structure built over a river or a road
(B) a connection between two separate things or places

STARTING UP

Circle the best meaning for the highlighted word.

1 Sally Ride was an ordinary high school student who wanted to play professional tennis. She practiced hard and became one of the USA's best young tennis players. After graduating, however, she made a choice that transformed her life. She decided to go to university and major in physics. In 1978, she was hired by NASA. Five years later, she became the first American woman to travel into space.

(A) destroyed (B) changed (C) resembled

2 Dr. David Livingstone was a Scottish doctor and missionary who traveled extensively in Africa from 1852 to 1864. Traveling in Africa at that time was very dangerous and difficult. Dr. Livingstone was one of the first Europeans to cross the African continent. He is perhaps most famous for discovering and naming Victoria Falls, the largest waterfall in Africa.

(A) broadly (B) mostly (C) extremely

3 The history of New York City is interesting. Native Americans were the first to live there. In 1613, Dutch settlers took the land and called it New Amsterdam. In 1664, the English swapped the colony of Suriname in South America for New Amsterdam. The English renamed the city New York. However, New York broke away from England in 1788 and became the 11th state of America.

(A) swept (B) defeated (C) exchanged

Do you know these words?

- [ ] graduate — v. to complete school, college, or university successfully
- [ ] missionary — n. a person who goes abroad to teach others about their religion
- [ ] Dutch — adj. belonging to the Netherlands
- [ ] settler — n. a person who travels to a new country to live there
- [ ] break away — to separate from something else

Circle the word that has the same meaning as the definition.

1 **having a low price that allows many people to buy it**

Cars have become an important part of our (A) <u>modern</u> lifestyle. The first car was made in 1678, and it used (B) <u>steam</u> instead of gasoline. New technology, like brakes and gasoline engines, was developed in Europe in the 1800s. After the American carmaker Henry Ford found a cheaper way to make cars, which he called the "assembly line," cars became (C) <u>affordable</u> enough for average people to own.

2 **to twist something into circles or wavy shapes**

The hairstyle known as the "perm" has a long and interesting history. Ancient Egyptians (A) <u>invented</u> the perm. They (B) <u>curled</u> hair around sticks and used hot mud as a kind of hair gel. A German hairdresser named Karl Nessler gave the first modern perm in 1901. He used (C) <u>chemicals</u> to curl the person's hair. After World War I, Nessler moved to America and opened a hair salon.

☐ **assembly line** n. a line of machines and workers in a factory
☐ **invent** v. to make or create something
☐ **chemicals** n. materials that produce reactions at the atomic level

VOCABULARY

Write the meaning of each word in Korean.

spread	v. to make something widely known	
	Andy spread the rumor throughout the town.	_____
empire	n. a group of countries ruled by a single country	
	The Holy Roman Empire ended in 1806.	_____
last syn. continue	v. to carry on	
	The battery lasted for a long time.	_____
term	n. a word used in a particular field	
	"Mammalian" is the general term for these animals.	_____
describe syn. explain	v. to say or write what someone or something is like	
	The student described the painting in detail.	_____
suffer	v. to feel physical or mental pain	
	Sue suffered from cancer for two years.	_____
revival syn. renewal	n. a situation in which something becomes popular again	
	Recently, there has been a revival of ancient music.	_____
arrest	v. to seize someone through a legal process	
	The police arrested the woman for shoplifting.	_____
guilty	adj. responsible for breaking a law	
	The man was found guilty of speeding.	_____
immediately syn. instantly	adv. without waiting or thinking	
	The tourists left immediately to catch the train.	_____

Match the definitions with the words.

1	to seize someone through a legal process		a	empire
2	without waiting or thinking		b	spread
3	to carry on		c	last
4	to make something widely known		d	arrest
5	a group of countries ruled by a single country		e	term
6	a word used in a particular field		f	immediately

Complete the sentences with the words below.

describe	revival	guilty	suffer	term

1 Some people around the world _____ from hunger.

2 Could you _____ the person in detail?

3 The judge sent the _____ men to prison.

4 Folk music has been enjoying a _____.

5 "Nephritis" is a technical _____ used in the medical field.

Building Up 1

The History of Alphabets

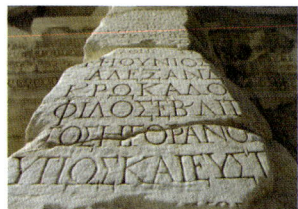

An alphabet is a system of symbols used to represent sounds. The history of alphabets started in ancient Egypt many thousands of years ago. The ancient Egyptians were the first to invent an alphabet, but it was made up of pictures instead of letters. The letters used in European languages can be traced back to ancient Greece, about 500 years after the Egyptian alphabet. In most European languages, the alphabet starts with A, B, and C.

1 The phrase be traced back to in the passage is closest in meaning to

(A) come along
(B) come from
(C) go on to
(D) track down

2 The word most in the passage could best be replaced by

(A) a large amount of
(B) very
(C) the majority of
(D) the best

Fill in the blanks to complete the sentences.

1 An alphabet consists of _____ that represent sounds.

2 The ancient Egyptians invented the first alphabet, but they used _____ instead of letters.

Ancient Greece

Ancient Greece is thought to be the root of all European cultures. Greek culture influenced the Romans, who spread Greek ideas throughout their empire. Ancient Greek culture influenced other cultures in almost every way. It was especially influential in politics, philosophy, science and art.

Ancient Greece also invented theater as we know it, and even the Olympic Games. The height of ancient Greek culture lasted for about 1,000 years. Centuries later, European artists, scientists and philosophers studied ancient Greece and were inspired to create the masterpieces of the Renaissance.

1 The word influenced in the passage could best be replaced by

(A) contracted
(B) affected
(C) damaged
(D) created

2 The word masterpieces in the passage is closest in meaning to

(A) temporary trends
(B) artistic styles
(C) great works
(D) good reactions

1 Ancient Greece inspired most _____ cultures.

2 _____ spread Greek ideas throughout their empire.

Building Up 2

Native Americans

"Native Americans" is a term used to describe the people who lived in North and South America before the European conquests. It is thought that Native Americans came to the Americas by a land bridge from Asia about 16,000 years ago.

Some people mistakenly think of Native Americans as one race or culture. In fact there are many different customs and languages. Each group has its own distinct customs, beliefs and language.

After the Europeans came to the Americas, many Native Americans suffered from diseases and lost their land to European settlers. Recently, there has been a revival in Native American cultures, as many young Native Americans are interested in learning more about their roots.

1 The word conquests in paragraph 1 is closest in meaning to

(A) interests
(B) help
(C) victories
(D) battles

2 The word distinct in paragraph 2 could best be replaced by

(A) similar
(B) unique
(C) unrelated
(D) superior

Write the answer.

What affect did the arrival of Europeans have on Native Americans?

_____

The Salem Witch Trials

In 1692 in Salem, Massachusetts, two young girls began to do bizarre things. They screamed, twisted their bodies, and threw objects. The town doctor saw their behavior and thought a witch was causing it. The girls claimed three local women were witches—a slave and two unpopular neighbors. All three were arrested. A trial was held, and the judges found them guilty.

Over the next year, more and more people were accused of being witches. More than 200 people were arrested. There was no clear evidence against them, but the terrible situation went on and on. In the end, 20 people were killed and several more died in prison. After the trials ended, some laws were changed to make sure it never happened again.

1 The word bizarre in paragraph 1 could best be replaced by

(A) useless
(B) amazing
(C) strange
(D) amusing

2 The word accused in paragraph 2 is closest in meaning to

(A) assisted
(B) copied
(C) cured
(D) blamed

What did the town doctor think about the girls' behavior?

_____

CHALLENGE TOEFL iBT

1. What is the main idea of the passage?

    Ⓐ The USA used a wise policy to help stop communism.
    Ⓑ The USA fought a war because of an incorrect theory.
    Ⓒ The USA borrowed the domino theory from Vietnam.
    Ⓓ The USA lost to the Soviet Union in a game of dominoes.

2. The word commenced in paragraph 1 could best be replaced by

    Ⓐ improved
    Ⓑ controlled
    Ⓒ began
    Ⓓ continued

3. In the domino theory, what does a knocked over domino represent?

    Ⓐ A soldier who died in a battle
    Ⓑ A mistake made by the Soviet Union
    Ⓒ A policy that helped win a war
    Ⓓ A nation that became communist

4. The word tumble in paragraph 2 is closest in meaning to

    Ⓐ get bigger
    Ⓑ fall down
    Ⓒ stand still
    Ⓓ move around

The Domino Theory

After World War II ended in 1945, the Cold War immediately commenced. On one side, there was the Soviet Union and several communist countries. On the other side, there was the USA and several democratic countries.

The Soviet Union and the USA never fought directly. But they did fight indirectly in many places. This was partly due to a policy of the USA. The policy was based on an idea called the "domino theory." Imagine a row of dominoes. If one is knocked over, all the others will tumble.

The USA believed the same thing could happen with countries. In other words, if one country became communist, the whole region would become communist. This is why the USA fought the Vietnam War. However, the domino theory turned out to be wrong. Vietnam became communist, but communism did not spread throughout Southeast Asia. This showed that nations do not behave like simple dominoes.

---

policy   a set of plans or actions agreed on by an individual or social group
theory   a proposed explanation of something

COLLOCATION

Fill in the blanks with the appropriate words.

1. Many young Native Americans are _____ learning more about their roots.

2. If one domino is _____, all the others will tumble.

3. The height of ancient Greek culture _____ about 1,000 years.

4. Ancient Egyptians curled hair around sticks and used hot mud as _____ hair gel.

5. More and more people were _____ being witches.

6. The policy was _____ an idea called the "domino theory."

7. New York _____ from England in 1788 and became the 11th state of America.

8. Sally Ride decided to go to university and _____ physics.

9. The first car was made in 1678, and it used steam _____ gasoline.

major in	a kind of	accused of
lasted for	based on	interested in
broke away	instead of	knocked over

CHAPTER

03

REFERENCE

People

This chapter is designed to help students identify what pronouns and other reference words refer to.

CHAPTER 03

Reference
People

INTRODUCTION

A reference question asks you to decide what a particular pronoun or other reference word refers to.

TYPICAL QUESTION TYPES

The word _____ in the passage refers to

The word _____ in paragraph ____ refers to

STRATEGIES

- Find the highlighted word in the passage.
- Decide if the highlighted word refers to a person, people, a thing or things.
- Look at nouns that come before or after the highlighted word. Referents usually come before the words that refer to them.
- Cross out any obviously wrong nouns and choose the best answer.
- Put the answer into the passage and see if it makes sense.

SAMPLE

Winston Churchill

Winston Churchill became prime minister of the UK in 1940. World War II had just started, and the British people were afraid. Other politicians thought the UK should not get involved in the war. They worried that the Nazis would invade. But Churchill believed they could be defeated. He gave powerful speeches and inspired the nation to fight.

The Nazis bombed the UK, but they never invaded. When the USA joined the war, people knew Churchill had been right. After the war, he became prime minister for a second time in 1951. Today people remember Churchill as a great leader.

The word they in paragraph 1 refers to

(A) the British people
(B) other politicians
(C) the Nazis
(D) powerful speeches

Check Up

Circle the pronoun that can replace Churchill in line 11.

who   his   he   them   him

STARTING UP

Circle what the highlighted word refers to.

1 Walt Disney was an American film producer who founded The Walt Disney Company. The characters his company made, including Mickey Mouse and Bambi, are some of the most loved animated film characters of all time. Millions of people visit Disneyland and Disney World every year. **They** are the most famous amusement parks in the world.

(A) Mickey Mouse and Bambi   (B) Disneyland and Disney World

2 Mother Teresa was a Catholic nun who dedicated her life to helping poor people in Calcutta. She became a nun at 18 years old and then worked in Calcutta helping poor and sick people. In 1971, she was given the Nobel Peace Prize. **It** was given to her for her work.

(A) Calcutta   (B) the Nobel Peace Prize

3 In 1953, scientists Francis Crick and James Watson discovered the structure of DNA. It was one of the biggest scientific discoveries of the 20th century. Crick and Watson used the work of two other scientists, Maurice Wilkins and Rosalind Franklin. In 1962, **they** won the Nobel Prize in Medicine for their discovery, along with Wilkins. Sadly, Franklin had died four years earlier, so she did not receive the award.

(A) Crick and Watson   (B) two other scientists

Do you know these words?

☐	found	v. to start or establish
☐	animated	adj. containing figures or objects that appear to move
☐	nun	n. a member of a female religious group
☐	dedicate	v. to give all of one's time and energy to a cause
☐	award	n. a prize given for achievement in a specific area

Read the following passage and write the answers.

Maria Theresa was the daughter of Charles VI, emperor of the Holy Roman Empire. After he died, she became the leader of Austria, Hungary and Bohemia, and her husband was named emperor. However, historians agree that Maria Theresa ruled the empire with little help from him . During her 40 years in power, she made many changes. She reformed the school system and improved the army by doubling its size. She died in 1780 at the age of 63.

1 The word him refers to _____.

2 The word its refers to _____.

Richard Thaler is an American economist who won the 2017 Nobel Prize for Economics. He focuses on behavioral economics, which combines economics and psychology. Basically, it is the study of why people make certain financial decisions.

His work shows how psychology influences financial decisions in the real world. Thaler found that people sometimes act in ways that are good for society but bad for themselves. For example, consumers use boycotts to punish companies that behave badly. However, they also hurt the consumers.

3 The word it in paragraph 1 refers to _____.

4 The word they in paragraph 2 refers to _____.

- ☐ reform — v. to improve or enhance through change
- ☐ combine — v. to join together to make a single thing or group
- ☐ financial — adj. relating to money or how money is managed
- ☐ consumer — n. a person who buys goods and services
- ☐ boycott — n. a form of protest involving the refusal to buy a product or use a service

VOCABULARY

Write the meaning of each word in Korean.

explorer
syn. adventurer
n. someone who travels through an unknown area
Marco Polo was a famous explorer.

_____

dangerous
syn. unsafe
adj. able to hurt or harm
Riding a bike without wearing a helmet is dangerous.

_____

rescue
syn. save
v. to free or save from danger
The lifeguard rescued a man from the sinking boat.

_____

accomplishment
n. something that has been achieved successfully
Winning the prize was quite an accomplishment.

_____

crash
syn. collide
v. to collide violently and noisily with something
The boy crashed his new bike into a tree.

_____

rarely
syn. seldom
adv. not often
Sophie rarely has time to read a newspaper.

_____

plot
syn. plan
v. to make a secret plan to do something wrong
The girl plotted to play a trick on her sister.

_____

legendary
syn. well-known
adj. very famous and admired
Vladimir Horowitz was a legendary pianist.

_____

demonstrate
syn. show
v. to show something and explain how it works
The cook demonstrated how to sharpen a knife.

_____

portrait
n. a painting of a person, especially a person's face
A portrait of the artist hangs on the wall.

_____

Match the words with their synonyms.

1	dangerous		a	show
2	plot		b	plan
3	rescue		c	collide
4	explorer		d	save
5	crash		e	unsafe
6	demonstrate		f	adventurer

Complete the sentences with the words below.

legendary   portraits   accomplishment   explorers   rarely

1 Arranging the peace talks was the diplomat's greatest _____.

2 The artist drew a number of _____ of his pretty daughter.

3 Abraham Lincoln is a _____ figure in American history.

4 Spanish _____ discovered the island in 1775.

5 The boy and his sister get along with each other and _____ quarrel.

Building Up 1

Roald Amundsen

Roald Amundsen was a brave Norwegian who was one of the first explorers of the North and South Poles. In 1903, he was the first to travel the Northwest Passage. Connecting the Atlantic Ocean to the Pacific Ocean, it is a very dangerous Arctic Ocean route. During this trip he learned many things from the Inuit people. Later he would use what he learned from them, especially how to travel using sleds and dogs, to become the first person to reach the South Pole. In 1928, Amundsen died while he was flying in an airplane to rescue other explorers in the Arctic.

1 The word it in the passage refers to

(A) the North Pole
(B) the Pacific Ocean
(C) the Northwest Passage
(D) the Arctic Ocean

2 The word them in the passage refers to

(A) the first explorers
(B) the North and South Poles
(C) the Inuit people
(D) other explorers

Fill in the blanks to complete the sentences.

1 Roald Amundsen was the first person to reach the _____.

2 Roald Amundsen died while trying to _____ other explorers in the Arctic.

Howard Hughes

Howard Hughes is most famous for being very rich. However, he had many accomplishments in his life. He owned a number of businesses, but he also directed and produced several successful movies. Hughes was also a pilot. He designed and built airplanes, and he would often test them himself.

Unfortunately, Hughes crashed one of his planes in 1946. He survived, but his personality was different after the accident. It changed from adventurous to quiet and shy. He moved into a hotel and rarely went outside. Few people ever saw him again.

1 The word them in paragraph 1 refers to

(A) accomplishments
(B) businesses
(C) movies
(D) airplanes

2 The word It in paragraph 2 refers to

(A) one of his planes
(B) his personality
(C) the accident
(D) a hotel

1 Howard Hughes _____ and built airplanes.

2 Hughes rarely went outside after the plane _____.

Building Up 2

Sir Walter Raleigh

Sir Walter Raleigh, an English adventurer and historian, helped end an Irish rebellion when he was young. Because of this, he rose rapidly in Queen Elizabeth's court. Later, she sent him to explore North America. He returned with potatoes and tobacco, which were unknown in England. This pleased the queen, and she made him a knight.

After the queen died, the new king, James I, thought Raleigh was plotting against him. So he had Raleigh locked in the Tower of London for 10 years. During this time, Raleigh wrote a history book and many poems.

In 1616, Raleigh was released and sent to South America to find El Dorado, a legendary city full of gold. During the journey, Raleigh's men attacked some Spanish soldiers. Since England and Spain were not at war, this was a terrible mistake. Raleigh was arrested and later killed.

1 The word This in paragraph 1 refers to

(A) being unknown in England
(B) helping end a rebellion in Ireland
(C) being sent to explore North America
(D) returning with potatoes and tobacco

2 The word this in paragraph 3 refers to

(A) being released from prison
(B) attacking some Spanish soldiers
(C) not being at war with Spain
(D) finding El Dorado

Write the answer.

What did Raleigh do while he was locked in the Tower of London?

_____

John Logie Baird

Unlike some other inventions, the television was not created by a single person. Over the years, many inventors developed different types of televisions. One of the most important of them was John Logie Baird, an engineer from Scotland.

It was not easy work. Baird had many problems. His health was poor, people that he talked to often thought he was crazy, and he suffered dangerous electric shocks. Surprisingly, he worked with everyday items, including a hatbox and a pair of scissors. He used these to make the first working television. He demonstrated it for the first time in 1926.

Baird continued to work on televisions for the rest of his life. He later created the first color television, as well as many other inventions. He is now considered one of the greatest Scottish inventors ever.

1   The word them in paragraph 1 refers to

(A) inventions
(B) televisions
(C) inventors
(D) years

2   The word these in paragraph 2 refers to

(A) many problems
(B) people that Baird talked to
(C) dangerous electric shocks
(D) a hatbox and a pair of scissors

How is the television different from some other inventions?

_____

CHALLENGE TOEFL iBT®

1. What is the main idea of the passage?

   Ⓐ Marie Laurencin helped Pablo Picasso develop cubism.
   Ⓑ Marie Laurencin was a famous French painter and author.
   Ⓒ Marie Laurencin created paintings with a unique style.
   Ⓓ Marie Laurencin started her own museum in Tokyo, Japan.

2. The word they in paragraph 2 refers to

   Ⓐ her colors
   Ⓑ many other painters
   Ⓒ difficult times
   Ⓓ Laurencin and her husband

3. The word celebrities in the passage could best be replaced by

   Ⓐ professions
   Ⓑ arts
   Ⓒ traditions
   Ⓓ stars

4. The word these in paragraph 3 refers to

   Ⓐ eyes
   Ⓑ portraits
   Ⓒ books
   Ⓓ works

Marie Laurencin

Marie Laurencin was a French painter. In 1907, at the age of 24, she had her first solo show. She soon met Pablo Picasso and was influenced by his cubist style. Laurencin, however, was not part of the cubism movement. She had her own style, which made her paintings unique.

Her colors, for example, are light and soft, unlike those of many other painters. They changed from 1914 to 1921, however, when Laurencin and her husband experienced difficult times. During this period, they became darker. After she moved back to Paris, she returned to her light colors, especially pinks and grays. The most common subjects of her paintings are young women with pale skin and dark eyes.

Laurencin also painted portraits of famous French celebrities and illustrated several books. Lewis Carroll's classic novel *Alice in Wonderland* is one of these. Today, more than 600 of her distinct works of art can be found in the Marie Laurencin Museum in Tokyo, Japan.

---

cubist relating to an early 20th-century style of painting in which several different views of a person or object are included in a single painting

COLLOCATION

Fill in the blanks with the appropriate words.

1. After Marie Laurencin _____ Paris, she returned to her light colors.

2. The new king, James I, thought Raleigh was _____ him.

3. During her 40 years _____, Maria Theresa made many changes.

4. Mother Teresa _____ helping poor people in Calcutta.

5. Baird created the first color television, _____ many other inventions.

6. Howard Hughes owned _____ businesses.

7. Raleigh returned with potatoes and tobacco, which were _____ England.

8. Other politicians thought the UK should not get _____ the war.

9. Disney characters are some of the most loved animated film characters _____.

in power	moved back to	unknown in
of all time	plotting against	involved in
as well as	dedicated her life to	a number of

CHAPTER 04

FACT AND NEGATIVE FACT

Animals & Plants

Students will identify specific information and decide which answer choice is true, not true, or not mentioned in the passage.

CHAPTER 04

Fact and Negative Fact
Animals & Plants

INTRODUCTION

Some questions ask about facts from the passage. The correct answer will have the same meaning or idea.
Other questions will ask you to choose a fact that is NOT stated in the passage or an answer that is NOT true.

TYPICAL QUESTION TYPES

According to paragraph _____, (colorful petals)

It is stated in paragraph _____ that

It is NOT true that

It is NOT stated that

All of the following are true EXCEPT (that)

STRATEGIES

- Look for key words in the answer choices.

- Scan the passage for information related to these key words.

- In Fact questions, choose the option that is a restatement of information in the passage.

- In Negative Fact questions, eliminate the options that are restatements of information in the passage. Choose the remaining option.

SAMPLE

Zebrafish

The zebrafish is a freshwater fish with black, horizontal stripes. It is quite small, growing to a length of about four centimeters. It lives in streams in the Himalayan mountains, but it is also commonly found in laboratories. Scientists often use the zebrafish in their experiments because it has many benefits over other lab animals.

First of all, it is small and inexpensive to raise. Also, it grows quickly and reproduces at an amazing rate. Most importantly, its genes are similar to those of humans. The zebrafish has been used to research many diseases, including cancer.

1 According to paragraph 1, the zebrafish

   (A) is useful for experiments
   (B) is 4 cm long when it is born
   (C) lives in the ocean
   (D) was created in a laboratory

2 All of the following are true about zebrafish EXCEPT that

   (A) it has genes that are like human genes.
   (B) it has horizontal stripes on its body.
   (C) it is usually found throughout Asia.
   (D) it can have many babies in a short time.

Check Up

Match the words with the same meanings.

1	horizontal	a	a helpful or good effect
2	benefit	b	straight and parallel to the ground
3	rate	c	the speed at which something happens

STARTING UP

Circle the statement that is mentioned in each passage.

1. The ostrich is from Africa. It is the world's largest bird. It is very strange looking, with a long neck and legs. It cannot fly because of its big, heavy body. But it can run very quickly, at speeds of up to 65 kilometers per hour.

   (A) The ostrich is the biggest bird in the world.
   (B) The ostrich lays the largest eggs in the world.

2. Most mushrooms have a stem called a stipe and a big head or cap that looks like an umbrella. They are used in food and medicine, but not all kinds of mushrooms are safe to eat. Some of them are poisonous.

   (A) All mushrooms can be eaten safely.
   (B) Some mushrooms are edible.

3. Wild cats, such as lions or tigers, can grow to be very large. They have big eyes and can see well in the dark. They can also smell and hear well. This makes them skilled hunters. Except for lions, wild cats are not social. So they are alone most of the time. In fact, they spend two-thirds of their lives sleeping or resting.

   (A) Wild cats spend most of their time hunting.
   (B) Lions are the only wild cats that are social.

Do you know these words?

☐	stem	n. a part of a plant coming up from the roots
☐	poisonous	adj. very harmful and able to cause illness or death
☐	edible	adj. suitable or safe for eating
☐	social	adj. living in groups instead of alone

Read the statement above each passage and circle the sentence that is related to the statement.

1 **There are many kinds of orchids.**

Orchids are popular flowers because of their beauty. (A) There are more than 24,000 species of orchids. The flowers of orchids come in a variety of shapes and colors. (B) They grow in almost every region of the world. (C) Some species are farmed for vanilla, which is used in perfumes.

2 **Sea urchins have many predators.**

Sea urchins are unusual creatures. (A) They move around the ocean floor eating plants and dead animals. They have a hard shell. This shell is often covered in sharp spikes that are used for protection. (B) In some species, these spikes contain poison. (C) Despite this, many creatures eat sea urchins, including crabs and sea otters. Unfortunately, the sea urchin population is decreasing due to pollution and overfishing.

☐ perfume — n. a liquid with a pleasant smell
☐ protection — n. something that keeps a person or thing safe from harm
☐ population — n. all the people or animals living in a particular country or area
☐ decrease — v. to become less

VOCABULARY

Write the meaning of each word in Korean.

nerve
n. a group of thin fibers that carry information
The nerves in one's fingertips are very sensitive.
_____

convert
syn. turn
v. to change in nature, purpose, or function
The process converts sugar into alcohol.
_____

absorb
syn. soak up
v. to take in or suck up
A sponge absorbs water.
_____

anchor
v. to fix in a stable condition
Anchor the lamppost in concrete.
_____

scream
syn. shout
n. a loud, high cry
The injured man let out a scream of pain.
_____

prey
n. an animal hunted for food by another
Rabbits are a favorite prey of foxes.
_____

delicate
adj. easily damaged
A baby has a delicate skin.
_____

attract
v. to pull in or draw someone or something
This place attracts many visitors in summer.
_____

sticky
syn. gummy
adj. covered with something gluey
Joe's fingers are sticky with jam.
_____

liquid
n. a flowing, shapeless substance that is not a solid or a gas
Kathy asked how much liquid the bottle contained.
_____

Match the definitions with the words.

1 easily damaged   a convert

2 to fix in a stable condition   b sticky

3 to take in or suck up   c absorb

4 covered with something gluey   d attract

5 to pull in or draw someone or something   e anchor

6 to change in nature, purpose, or function   f delicate

Complete the sentences with the words below.

nerve	prey	absorbs	scream	liquid

1 Nobody seemed to hear the woman's _____.

2 Dry sand quickly _____ water.

3 Mercury is a _____ at room temperature.

4 The cheetah spotted its _____ and started chasing it.

5 The poison breaks down _____ cells and causes people to die.

Animals with a Backbone

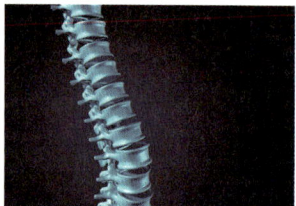

Most animals have a backbone. "Backbone" is another word for the spine. It provides support so the animal can stand, walk and run. It also protects the spinal cord, which is a group of nerves that run from the body to the brain. Animals such as octopuses and crabs do not have a backbone. This is why octopuses are so flexible. Instead of a backbone, crabs have a hard shell to protect and support their body.

1 It is stated that

(A) having a backbone is not useful.
(B) all humans have a backbone.
(C) backbones are very flexible.
(D) not all animals have a backbone.

2 All of the following are true EXCEPT that

(A) "backbone" is another word for the spine.
(B) the backbone protects some nerves.
(C) only flexible animals have a backbone.
(D) backbones give animals the ability to stand.

Fill in the blanks to complete the sentences.

1 The _____ runs along the back, connecting nerves from the body to brain.

2 Octopuses are _____ because they do not have backbones.

Plants

Plants differ from animals because they use photosynthesis. This process converts the sun's energy to food and takes place in their leaves. Leaves are usually green, oval shaped, and hang from stems or branches. Stems are the stronger and thicker "body" of a plant. They go from the roots to the leaves. This is where the plants keep most of their water. Wood comes from the stems of trees, which are usually called "trunks." The roots are below the ground. They absorb water and minerals for the plants. They also anchor the plant in the earth so it can grow upwards.

1 It is NOT true that photosynthesis

   (A) happens in plants, not animals
   (B) turns the sun's energy into food
   (C) is not common in plants
   (D) takes place in green leaves

2 According to the passage, stems

   (A) absorb water and minerals
   (B) store most of water in plants
   (C) are green and oval in shape
   (D) can be found only under the ground

1 _____ changes the sun's energy to food.

2 The _____ anchor the plant in the earth so it can grow upwards.

Barn Owls

The barn owl is found in nearly every part of the world. Its back and head are light brown or grey, but its chest and face are white. Its feathers are very soft, so it can fly silently. Many people think the barn owl makes a sound like the word "who." However, this is not true. The sound it makes is actually similar to a scream.

Like most owls, the barn owl is usually active at night. It sleeps during the day and hunts after the sun goes down. Its large eyes allow it to see well in the dark. It also has excellent hearing, which it uses to find its prey. It hunts small animals, such as mice, as well as fish and other birds.

1 It is stated in paragraph 1 that the barn owl

   (A) is found in few parts of the world
   (B) has white feathers on its chest and back
   (C) does not make noise when it flies
   (D) sounds like it is saying the word "who"

2 All of the following are true EXCEPT that the barn owl

   (A) has unusually soft feathers
   (B) eats mice, fish, and birds
   (C) has a face that is white
   (D) is inactive during the night

Write the answer.

What does the barn owl use its excellent hearing for?

_____

Pollination

    What we call a flower is really the colorful top part of a plant. The delicate outer parts of a flower are called petals. Many petals together are called a blossom. Most flowers have colorful petals to attract insects or birds, which spread pollen from one flower to another. Pollen is a kind of sticky powder produced by a flower's stamen. The stamen is usually a long, thin tube. The pollen is carried to the pistils of other flowers. A pistil looks like a thin tube or cup. Some flowers have one or more pistils, each of which has an ovary. When the flower is pollinated, the ovary makes seeds. This is how some plants reproduce.

1 According to the passage, colorful petals

   (A) are not common
   (B) have no purpose
   (C) attract insects or birds
   (D) make a seed for a new plant

2 All of the following are true EXCEPT that

   (A) the pistil creates pollen.
   (B) insects or birds carry pollen to other flowers.
   (C) the stamen often resembles a long, thin tube.
   (D) a pistil has an ovary.

What does "pollinate" mean?

CHALLENGE TOEFL iBT®

1. What does the passage mainly discuss?

    Ⓐ The characteristics of spiders
    Ⓑ The physical features of spiders
    Ⓒ The prey that spiders prefer
    Ⓓ Different species of spiders

2. The word them in paragraph 3 refers to

    Ⓐ spiders
    Ⓑ webs
    Ⓒ legs
    Ⓓ insects

3. The word binds in the passage is closest in meaning to

    Ⓐ strikes
    Ⓑ folds
    Ⓒ bites
    Ⓓ wraps

4. According to the passage, all of the following are true EXCEPT that

    Ⓐ the body structure of spiders is different from that of insects.
    Ⓑ spiders can be a variety of colors and usually live for about 20 years.
    Ⓒ the oily legs of spiders keep them from getting stuck in their own webs.
    Ⓓ spiders use poison to turn their food into a liquid.

Spiders

Spiders are not insects but arachnids. Arachnids have two main body parts and eight legs, while insects have three main body parts and six legs. Many insects can fly, but arachnids cannot.

Spiders come in different colors, such as black, brown, white, yellow, and orange. They usually live for about one year, but a spider called the tarantula can live as long as 20 years. Some spiders are very small, but some are as large as a dinner plate.

The most unusual thing about spiders is their ability to spin webs. Spiders can produce silk, which they use to make sticky webs. But spiders do not stick to their own webs because their legs have oil on them. The webs are used to catch insects. When an insect gets trapped in a spider's web, the spider binds it in silk. It eats the insect at a later time. However, the spider does not really eat it. Since it has no teeth, it puts venom in the insect to turn it into a liquid.

---

venom   a toxin produced by some insects, snakes, etc.

COLLOCATION

Fill in the blanks with the appropriate words.

1. The ostrich can run very quickly, _____ up to 65 kilometers per hour.

2. Many people think the barn owl _____ like the word "who."

3. Animals _____ octopuses and crabs do not have a backbone.

4. When an insect gets _____ a spider's web, the spider binds it in silk.

5. Plants _____ animals because they use photosynthesis.

6. This hard shell of sea urchins is often _____ sharp spikes that are used for protection.

7. Most importantly, zebrafish's genes are _____ those of humans.

8. Spiders usually live for about one year, but a spider called the tarantula can live _____ 20 years.

9. Wild cats are alone most of the time. _____, they spend two-thirds of their lives sleeping or resting.

similar to	at speeds of	differ from
in fact	trapped in	as long as
covered in	such as	makes a sound

CHAPTER 05

SENTENCE SIMPLIFICATION

Geology ▸

This chapter is designed to give students strategies for finding the essential information in complex sentences.

CHAPTER 05

Sentence Simplification
Geology

INTRODUCTION

Some questions will involve simplifying a long complex sentence. You must choose the answer that has the same meaning as the sentence from the passage.

TYPICAL QUESTION TYPE

Which of the sentences below best expresses the essential information in the highlighted sentence in the passage? *Incorrect* choices change the meaning in important ways or leave out essential information.

STRATEGIES

- Look at the original sentence and try to understand its full meaning.

- Break down the sentence into smaller parts by looking for commas and transitional expressions such as *in addition, also, however, yet, therefore, for example,* etc.

- Check nearby sentences for clues about the context.

- Think about how to paraphrase the original sentence.

SAMPLE

Freshwater Swamps

A swamp is an area of wet, soft land with many trees. The water in swamps can be fresh water, salt water or a mix of the two. Freshwater swamps are usually found near lakes, and many kinds of plants and animals live in them. One of the largest freshwater swamps in North America is the Everglades. Located in Florida, it is more than 10,000 square kilometers in size. ==Although much of the Everglades is covered in water, it is less than 30 centimeters deep in most places.== The Everglades is home to many rare animals, including alligators and panthers.

Which of the sentences below best expresses the essential information in the highlighted sentence in the passage? *Incorrect* **choices change the meaning in important ways or leave out essential information.**

(A) Most of the water in the Everglades is over 30 centimeters deep.
(B) Parts of the Everglades are under water, but most are not.
(C) The Everglades is mostly under water, but the water is not deep.
(D) There are few parts of the Everglades that are not covered with water.

Check Up

Match the words or phrases which are related to each other.

1	fresh	a	situated
2	located	b	pure
3	much of	c	mostly

STARTING UP

Circle the correctly simplified version of the highlighted sentence in the passage.

1. Diamonds are the hardest and most valuable gems. They can be different colors, but the most popular ones are clear. We can use diamonds to cut other things such as glass, but they are also used for jewelry. Properly cut diamonds are sparkly and beautiful to look at.

   (A) Diamonds are used for cutting things and for decoration.
   (B) Diamonds are too valuable to use in everyday life.

2. Amethysts are gems that look like beautifully colored crystals. They are usually purple. Ancient Greeks and Romans thought that amethysts could prevent drunkenness. Today we know that this belief is not true, but some modern people believe that amethysts have special energy and healing powers.

   (A) We do not know the truth about the mysterious powers of amethysts.
   (B) Although the old belief is known to be false, some people still believe that amethysts have special powers.

3. Soapstone is one of the softest rocks. It gets its name because it feels like soap and can be carved easily like soap. It is so soft that even a fingernail can mark it. Soapstone is used by artists for making sculptures.

   (A) This rock is called soapstone because it is similar to soap.
   (B) We make soap from soapstone, so the words are similar.

Do you know these words?	
☐ gem	n. a jewel or precious stone
☐ sparkly	adj. reflecting light in a pleasing way
☐ prevent	v. to stop something from happening
☐ healing	adj. having the power to cure
☐ carve	v. to cut rock or wood into a pleasing shape

Circle the highlighted sentence in the passage that has the same meaning as the given sentence.

1 We get valuable metals and stones from mining.

"Mining" is the word we use to describe how we get minerals and metals out of the ground. There are two basic types of mining. (A) One, which is called open-pit mining, creates very big and deep holes in the ground. The other, which is called shaft mining, involves digging tunnels below the ground. (B) Mining is very important because it is how we get important metals and precious stones like gold, iron, and diamonds.

2 The actions of people increase erosion.

(A) Erosion, the natural process of wearing down material, happens when water or wind move dirt and rocks. Erosion shapes the Earth. You can see the effects of erosion in river valleys. The water in the river gradually forms a valley by moving small rocks, sand, and dirt. (B) Erosion happens naturally, but sometimes humans speed up erosion through harmful farming and building practices.

☐	mineral	n. a valuable chemical substance found in the ground
☐	metal	n. a hard, shiny element such as silver or iron
☐	precious	adj. of great value due to being important
☐	effect	n. the result of a particular influence
☐	gradually	adv. slowly over a period of time

VOCABULARY

Write the meaning of each word in Korean.

determine   v. to influence what occurs
syn. influence
                                        Your health is determined by your habits.

characteristic   n. a distinctive quality
syn. feature
                                        Being tall is a typical characteristic of the tribe.

crack   n. a long, narrow break in a surface
syn. gap
                                        The ancient vase had a crack in it.

crater   n. the opening at the top of a volcano
                                        Gray ash began to blow out of the crater.

molten   adj. made liquid by extreme heat
syn. melted
                                        Molten glass can be blown into useful objects.

erupt   v. to explode or burst out suddenly
syn. blow out
                                        Water erupted from the hole in the dam.

destruction   n. the act or process of destroying or being destroyed
syn. demolition
                                        The destruction of the environment is a big problem.

erosion   n. the process of wearing something down
syn. wear
                                        Erosion can make land unfit for growing crops.

atmosphere   n. the air of a particular place
syn. air
                                        The plants in the room will improve the atmosphere.

shrink   v. to become smaller
syn. decrease
                                        Your sweater will shrink if you wash it in hot water.

Match the words with their synonyms.

1 shrink   a gap
2 crack   b air
3 atmosphere   c feature
4 molten   d wear
5 erosion   e melted
6 characteristic f decrease

Complete the sentences with the words below.

| determine | crack | erupt | crater | destruction |

1 Lake Nyos formed in a volcanic _____ in Cameroon, West Africa.

2 The decision will _____ your future.

3 There is a _____ in the bottom of this teacup.

4 Lava may _____ from this volcano at any time.

5 Many people are very worried about the _____ of the rainforest.

Building Up 1

Minerals

Minerals are natural elements. They are crystals that have a chemical basis. The design and order of the crystals determine the mineral's characteristics. There are over 4,000 kinds of minerals. We use them for many things. They are important for making things like houses and TV sets, but we also need them in our diet in order to live. Some common minerals are salt, calcium, diamond, and silver. We get minerals by mining. Many different minerals are mined all over the world. Some are very rare and valuable, but others are quite common.

1. Which of the sentences below best expresses the essential information in the first highlighted sentence in the passage?

   (A) Minerals and crystals have similar characteristics.
   (B) Some minerals have a pattern similar to crystals.
   (C) Minerals' properties depend on their pattern and layout.
   (D) Minerals are similar to crystals when shaped in a pattern.

2. Which of the sentences below best expresses the essential information in the second highlighted sentence in the passage?

   (A) We eat minerals and use them to build things.
   (B) We use only a few kinds of minerals.
   (C) We do not have many uses for minerals.
   (D) Minerals were used in the past to build houses.

Fill in the blanks to complete the sentences.

1. Minerals, which are _____ with a chemical basis, are useful.

2. _____ is how we can get minerals.

Volcanoes

Volcanoes form in places on the earth's surface where magma comes through a crack in the earth's crust. Volcanoes are usually mountain-like structures with a crater at the top. Magma is extremely hot, molten rock that comes from the earth's core. At times, underground pressure becomes so great that magma and steam explode out of the volcano. When the magma erupts, it is called lava. It can be thick and slow moving or thin and fast moving. It causes great destruction to anything near the mountain. But volcanoes are not always destructive; in the oceans, their lava can form islands as it cools into hard rock.

1 Which of the sentences below best expresses the essential information in the first highlighted sentence in the passage?

(A) Volcanoes are dangerous because of pressure and steam.
(B) Pressure sends magma and steam out of a volcano.
(C) Magma is very hot and looks a lot like steam.
(D) Steam rising from a volcano means there is underground pressure.

2 Which of the sentences below best expresses the essential information in the second highlighted sentence in the passage?

(A) Volcanoes damage the environment by destroying hard rock.
(B) Some kinds of volcanoes create oceans.
(C) Lava cools into hard rock only in the oceans.
(D) Volcanoes destroy things, but they also create new islands.

1 Most volcanoes are shaped like _____.

2 When magma explodes out of a volcano, it is called _____.

Building Up 2

Caves

A cave is a natural hole in the ground. There are many caves all over the world. Some caves are shallow, but others are very deep. The deepest caves stretch hundreds of kilometers underground. Caves are formed naturally. Some are made by erosion—water from rain or rivers carves rock into a cave. Lava or earthquakes make other caves. Even though caves are dark and often wet places, some animals live in them. In particular, bats are known for living in caves.

Some people like to explore caves. It is a very difficult and dangerous hobby. These people do not mind the dark and wet atmosphere of caves, and they enjoy seeing the interesting rock formations in caves. This hobby is called caving, and it is popular in Europe and America.

1. Which of the sentences below best expresses the essential information in the first highlighted sentence in the passage?

   (A) All caves have rivers and rain.
   (B) The water in caves is natural.
   (C) Water can form caves by erosion.
   (D) Erosion is caused by water in caves.

2. Which of the sentences below best expresses the essential information in the second highlighted sentence in the passage?

   (A) Dark caves have wet rocks, so people like to go caving.
   (B) Most cavers enjoy exploring caves because they are dark and wet.
   (C) Cavers create interesting rocks in order to change the atmosphere of caves.
   (D) Cavers do not dislike the atmosphere of caves and are interested in rock formations.

Write the answer.

What else make natural caves besides water erosion?

Glaciers

Glaciers are very large sheets of snow and ice that pile up on land for long periods of time. They are the second largest source of water on Earth after the oceans. There are two main types of glaciers. The first is alpine glaciers, which are found in the mountains. The other is continental glaciers, which cover continents.

Glaciers move over time. They slowly flow downhill. Some glaciers are getting bigger, but others are shrinking. Even though they are made of snow and ice, glaciers are very powerful. They change mountain valleys from a "V" shape to a "U" shape by pushing great amounts of rock and earth. When a glacier forms on top of a mountain, it is called an ice cap. A narrow strip of ice on a beach in the Arctic is called an ice foot.

1 Which of the sentences below best expresses the essential information in the first highlighted sentence in the passage?

(A) Glaciers are large and long-lasting piles of snow and ice that form on land.
(B) Glaciers are very big areas of snow and ice that never move.
(C) Glaciers are the biggest accumulations of snow and ice on Earth.
(D) Glaciers are large sheets of snow and ice, so they can be a water source.

2 Which of the sentences below best expresses the essential information in the second highlighted sentence in the passage?

(A) Glaciers move downhill and change into mountain valleys.
(B) The power of glaciers changes the shape of mountain valleys.
(C) The large amounts of rock in glaciers change mountain valleys.
(D) Glaciers are more powerful than mountain valleys.

What are the two main types of glaciers?

_____

CHALLENGE TOEFL iBT®

1. What does the passage mainly discuss?

    Ⓐ Rapidly disappearing natural resources
    Ⓑ Making the best use of natural resources
    Ⓒ Types of natural resources and their uses
    Ⓓ Efforts to conserve our natural resources

2. The word them in paragraph 1 refers to

    Ⓐ natural resources
    Ⓑ some examples
    Ⓒ humans
    Ⓓ categories

3. Which of the sentences below best expresses the essential information in the highlighted sentence in the passage? *Incorrect* choices change the meaning in important ways or leave out essential information.

    Ⓐ We can get more natural resources if we use them all.
    Ⓑ It is not important to save natural resources that are not renewable.
    Ⓒ It is best not to use any natural resources at all.
    Ⓓ Some natural resources are limited, so we should save them.

4. The word wealth in paragraph 3 is closest in meaning to

    Ⓐ products
    Ⓑ money
    Ⓒ land
    Ⓓ business

5. It is NOT stated in the passage that

    Ⓐ natural resources must be used wisely.
    Ⓑ natural resources are essential for humans in a variety of ways.
    Ⓒ natural resources are the reason countries fight wars.
    Ⓓ living things like animals and plants are renewable resources.

Natural Resources

Natural resources are useful things that occur naturally in the environment. Some examples are petroleum, water, and trees. Humans depend on natural resources in many ways, so we must be careful to use them wisely.

Resources can be divided into two categories: renewable and non-renewable. The difference is that renewable resources recover naturally over time. Renewable resources are usually living things like animals or plants. For example, trees are a renewable resource because they can be grown again after we cut them down. But oil is a non-renewable resource because it takes millions of years to form again. We must try to conserve non-renewable resources because once they are used up, we cannot get more.

Natural resources can be traded between countries. They can create a lot of wealth for resource-rich countries. For example, Saudi Arabia, Iran, and Kuwait in the Middle East have large amounts of petroleum. They export it to other countries and make a lot of money.

petroleum oil found under the surface of the earth or under the sea

COLLOCATION

Fill in the blanks with the appropriate words.

1. Glaciers are _____ source of water on Earth after the oceans.

2. We also need some minerals in our diet _____ live.

3. This hobby is called caving, and it is _____ Europe and America.

4. Sometimes humans _____ erosion through harmful farming and building practices.

5. Natural resources can be _____ countries.

6. Trees are a renewable resource because they can be grown again after we _____.

7. Glaciers are very _____ snow and ice that pile up on land for long periods of time.

8. _____, underground pressure becomes so great that magma and steam explode out of the volcano.

9. We must try to conserve non-renewable resources because once they are _____, we cannot get more.

popular in	traded between	used up
speed up	large sheets of	at times
in order to	the second largest	cut them down

ACTIVATOR READING
for the TOEFL iBT®

PROGRESS TEST ①

PROGRESS TEST 1 | Questions 1-5 of 10

1. What is the main idea of the passage?

   Ⓐ Most cave paintings include colorful pictures of animals.
   Ⓑ The cave of Altamira was hidden by rocks until 1868.
   Ⓒ A cave in Spain is full of well-preserved prehistoric art.
   Ⓓ Prehistoric paintings should be protected from the public.

2. The word it in paragraph 1 refers to

   Ⓐ northern Spain
   Ⓑ the cave
   Ⓒ his lost dog
   Ⓓ the artwork

3. The word resided in the passage is closest in meaning to

   Ⓐ lived
   Ⓑ worked
   Ⓒ hid
   Ⓓ searched

4. Which of the sentences below best expresses the essential information in the highlighted sentence in the passage? *Incorrect* choices change the meaning in important ways or leave out essential information.

   Ⓐ The prehistoric people believed that their paintings protected the cave.
   Ⓑ The artists protected their artwork by painting it on fallen rocks.
   Ⓒ Rocks covered up the cave's entrance, so no one could go inside.
   Ⓓ Because rocks hid the cave, the paintings remained in good condition.

5. It is stated in the passage that

   Ⓐ many of the cave paintings were destroyed by wild animals.
   Ⓑ the artwork in the cave of Altamira is about 1,000 years old.
   Ⓒ prehistoric art has been found in many caves in northern Spain.
   Ⓓ the paintings in the cave of Altamira were drawn in black and white.

The Cave Art of Altamira

In the mountains of northern Spain, there are 17 caves containing prehistoric artwork. The most famous of these is the cave of Altamira. The cave was first discovered in 1868 by a hunter who was looking for his lost dog. However, the artwork inside it was not found until 11 years later.

Scientists believe prehistoric humans resided inside the cave, but only near the entrance. However, they painted on walls throughout the cave, which is about 1,000 meters long. The artwork is special because it is more than 15,000 years old and in very good condition.

The paintings were protected by fallen rocks that covered up the cave's entrance thousands of years ago. There are more than 100 paintings of animals in the cave, including deer, bison, and horses. Most of them were painted in bright colors. The artists even used the natural shape of the cave's walls to make the animals look three-dimensional.

Today the cave is closed to the public for conservation purposes.

---

three-dimensional   having depth as well as height and width

6. What does the passage mainly discuss?

    Ⓐ Popular travel destinations in the past and today
    Ⓑ The advantages of traveling by airplane rather than by train or ship
    Ⓒ The first package vacation and how people take vacations today
    Ⓓ Why traveling by cruise ship has become increasingly popular

7. The word it in paragraph 2 refers to

    Ⓐ taking vacations
    Ⓑ Thomas Cook and Son
    Ⓒ the invention of the airplane
    Ⓓ traveling for pleasure

8. The word luxurious in paragraph 2 could best be replaced by

    Ⓐ fancy
    Ⓑ famous
    Ⓒ clean
    Ⓓ international

9. According to the passage, it is NOT true that

    Ⓐ travel became cheaper after the invention of the airplane.
    Ⓑ Cook's tours were so successful that he later started a big company.
    Ⓒ Guests on the world's first package tour traveled about 10 miles.
    Ⓓ most people prefer traveling by cruise ship to traveling by train.

10. Which of the sentences below best expresses the essential information in the highlighted sentence in the passage? *Incorrect* choices change the meaning in important ways or leave out essential information.

    Ⓐ Cruise passengers like to travel to many different cities.
    Ⓑ Cruise passengers prefer Southern Europe, Alaska, and the Caribbean.
    Ⓒ To travel to Southern Europe, Alaska, or the Caribbean, you must take a cruise ship.
    Ⓓ Cruise ships make stops in Southern Europe, Alaska, and the Caribbean.

Travel: Past and Present

Most people enjoy taking vacations. Some people travel within their own country, while others go abroad. But traveling for pleasure is a relatively new idea. An Englishman named Thomas Cook arranged the world's first package tour in 1841. It was for 570 people who traveled only 11 miles. Over the following years he planned tours to Europe, Egypt and the United States. His tours were popular and helped him create one of the world's oldest and largest travel companies, originally called Thomas Cook and Son.

Traveling for pleasure is now enjoyed by millions of people every year. Since the invention of the airplane, it has become cheaper, faster, and more convenient than ever. Not all travelers use airplanes or trains, though. Some people travel by cruise ship. A cruise ship is a very large and luxurious ship that is like a floating five-star hotel. Cruise passengers enjoy pleasant rooms and first-class restaurants. Cruises stop in many different cities worldwide, but the most popular destinations are Southern Europe, Alaska and the Caribbean.

abroad	in or to a foreign country
destination	the place where someone is going or something is being sent

ACTIVATOR READING
for the TOEFL iBT®

PART 2

Reading to Learn

CHAPTER

06

RHETORICAL PURPOSE

Culture & Holidays

Students will learn how to answer questions about why an author made a certain point or mentioned a particular piece of information.

CHAPTER 06
Rhetorical Purpose
Culture & Holidays

INTRODUCTION

A rhetorical purpose question asks why the author used a particular fact or piece of information. It may also ask why an author makes a point or why the author supports and emphasizes a point in a certain way.

TYPICAL QUESTION TYPES

The author's main purpose in paragraph _____ is

Why does the author mention _____ in paragraph _____?

The author refers to _____ in the passage to indicate that

STRATEGIES

- Look for clue words in the questions. For example, look at the following question: "Why does the author mention cave painters in paragraph 2?" In this question, "cave painters" are the key words, so read the sentences before and after the sentence that contains "cave painters" to look for clues.

- If you cannot understand why the author mentioned something in the paragraph, read the entire paragraph again quickly.

SAMPLE

Bunad

Most people in Norway own a *bunad*, which is a set of traditional clothing. There are more than 200 different varieties. Every region in the country has several *bunads*, each with its own unique colors, materials, and patterns. *Bunads* can be very expensive, as they are more than a set of clothes. Every *bunad* also includes special accessories. These are usually earrings, buttons, and pins made of silver. People often wear their *bunads* at weddings and other celebrations. On May 17, which is Norwegian National Day, everyone wears a *bunad*.

Why does the author mention silver in the passage?

(A) To give an example of a typical *bunad* color
(B) To show how many kinds of *bunads* there are
(C) To suggest that some *bunads* are special
(D) To explain why *bunads* cost a lot of money

Check Up

Circle the words that are related to the word "silver."

| region | special accessories | patterns |
| different varieties | materials and patterns | May 17 |

STARTING UP

Circle the reason why the author mentioned the highlighted sentence.

1 Patchwork quilts are popular in the United States and Europe. However, not many people know that Polynesians make quilts, too. Their designs are creative and beautiful. <mark>Many quilt makers in America would love to own a Polynesian quilt.</mark>

(A) To show that Polynesian quilts are as good as American quilts
(B) To suggest Polynesian quilt designs are the same as American quilt designs

2 Ottoman Empire sultans had huge kitchens in their palaces. These kitchens served the royal family and thousands of palace employees. Several buildings were needed to hold all the kitchens. <mark>By the 17th century, some palaces had more than 1,000 cooks and kitchen assistants.</mark>

(A) To compare the palace kitchens of the Ottoman Empire
(B) To emphasize that Ottoman royal kitchens were large

3 Reggae is a kind of music that started in Jamaica. Many people like it because of its rhythm. Bob Marley made reggae popular around the world. Later, many famous musicians began making reggae music. <mark>Even the songs of Eric Clapton were influenced by reggae.</mark>

(A) To show that reggae became popular worldwide
(B) To compare Eric Clapton's songs to those of Bob Marley

Do you know these words?

☐	creative	adj. producing original and unusual ideas
☐	own	v. to legally have something
☐	assistant	n. a person who helps someone else do a job
☐	compare	v. to consider how things or people are similar and how they are different

4 Very early pizza in Italy was different from modern pizza. It was flat, round bread with olive oil and herbs on top. When explorers brought tomatoes to Europe from Peru, Italians added them to their flat bread. This became the first modern pizza. Today many people would not consider a pizza without tomatoes to be a real pizza.

(A) To suggest that some people do not like tomatoes on their pizza
(B) To emphasize the importance of tomatoes to modern pizza

5 Although St. Patrick was respected as a saint, he was not a religious person until the age of 16. His family was rich and gave him everything he wanted. At 16, he was kidnapped and became a slave. While he was a slave, he suffered very much and began to believe in God. After he escaped, he studied the Bible. He helped many pagans become Christians. Today people celebrate St. Patrick's Day on the day he died.

(A) To compare St. Patrick before and after he became religious
(B) To suggest that St. Patrick was not a saint

☐	herb	n. a plant with a strong flavor used for cooking and flavoring
☐	slave	n. a person who is owned by someone
☐	escape	v. to get away from a place or dangerous situation
☐	pagan	n. a person who worships many gods

VOCABULARY

Write the meaning of each word in Korean.

incense   n. a substance that creates a pleasant smell when burned
John lit the incense, and its perfume filled the air.

sight   n. something that can be seen
The garden is a lovely sight in the summer.

charm   n. an object that is thought to have magical powers
Liz was given a charm that could make her invisible.

consider
syn. judge   v. to regard as
Sue considers jogging essential to her health.

perform   v. to dance, sing, or play music
Musicians and singers performed on the street.

chant   n. a simple song with repeated lyrics
Chants were used by the tribe to cure illnesses.

feast
syn. banquet   n. a large, rich meal to celebrate something
The fruit is often served at wedding feasts.

religion   n. a system of beliefs about a specific god or gods
Brian was raised in the Christian religion.

harvest   n. the period of time when crops are collected
The farmers celebrated after the harvest.

stuffing
syn. filling   n. a mixture of food used as a filling
The stuffing is coming out of the dumpling.

Match the definitions with the words.

1	a mixture of food used as a filling	a	feast
2	to regard as	b	charm
3	a simple song with repeated lyrics	c	chant
4	the period of time when crops are collected	d	consider
5	a large, rich meal to celebrate something	e	stuffing
6	an object that is thought to have magical powers	f	harvest

Complete the sentences with the words below.

religions	incense	performs	feast	sight

1 Some people burn _____ during memorial services.

2 The lake was a welcome _____ after our long hike.

3 A big _____ was held on the queen's birthday.

4 The guitarist _____ her own music on the street.

5 The man and woman come from two different _____.

Building Up 1

Loi Krathong

Loi Krathong is a Thai festival. People make baskets from banana leaves and bring them to a lake or river. A candle, incense, flowers, and coins are placed inside. After lighting the candle and incense, people put their baskets into the water and make a wish.

On the same night, people in northern Thailand also celebrate another festival—Yi Peng. They buy lanterns made from bamboo and rice paper. When a lantern's candle is lit, the lantern rises up into the sky. The glowing lanterns are an unforgettable sight !

Why does the author mention an unforgettable sight in paragraph 2?

(A) To suggest that burning lanterns can be dangerous
(B) To show the great beauty of the Yi Peng festival
(C) To give an example of a Loi Krathong wish
(D) To point out a difference between Loi Krathong and Yi Peng

Fill in the blanks to complete the sentences.

1 Loi Krathong baskets are made from _____.

2 People make a _____ after placing their baskets in the water.

3 After the candle in a Yi Peng lantern is lit, it _____ into the sky.

Good Luck Charms

Good luck charms are objects that are believed to bring luck. Some, such as four-leaf clovers, are known throughout the world. But others are less common. Fumsups, for example, are tiny babies giving the "thumbs up" sign. They usually have a wooden head and a metal body.

In the past, many good luck charms were related to animals. In ancient Egypt, a necklace with a hedgehog on it was considered good luck. And in ancient Europe, soldiers wore small metal pigs on their helmets as good luck charms.

The author refers to four-leaf clovers in paragraph 1 to indicate that

(A) good luck charms bring luck to their owners.
(B) some good luck charms are familiar to most people.
(C) not all good luck charms are related to animals.
(D) there are many different kinds of good luck charms.

1 An object that brings luck is called a good luck _____.

2 The ancient Egyptians thought _____ were good luck.

3 European _____ used small metal pigs as good luck charms.

Building Up 2

The Hula

The hula is a famous Hawaiian dance. It is used to tell stories with movements of the arms and body. There are two different legends about its origins. One says that a goddess named Laka created it. The other says that the volcano goddess, Pele, was angry, so her sister danced the hula to calm her down.

The Protestants did not allow the Hawaiians to dance the hula when they came to Hawaii. However, many Hawaiians danced it in secret, and it became popular again. Today there is a traditional hula and a Westernized hula. The traditional hula is danced to a chant. The Western-style hula is performed with a ukulele. Unfortunately, the traditional hula is not danced very much anymore. This is too bad because it should be seen more.

Protestant a member of the parts of the Christian Church

---

1 The author refers to two goddesses, Laka and Pele to indicate that

   (A) the hula made the goddesses happy.
   (B) there are many goddesses in Hawaii.
   (C) the Hawaiians are very religious people.
   (D) there are different stories about how the hula began.

2 The author's main purpose in paragraph 2 is

   (A) to explain why Protestants did not allow Hawaiians to dance the hula
   (B) to show how Hawaiians have developed the hula
   (C) to illustrate how the hula has changed over time
   (D) to suggest that the Westernized hula is a better style

Write the answer.

What is the difference between the traditional hula and the Westernized hula?

_____

Thanksgiving Day

The very first Thanksgiving was celebrated with a three-day feast in the autumn of 1621. However, the feast was not really a Thanksgiving event at the time. The colonists were introducing their religion to the Wampanoag tribe through a celebration. These Native Americans lived in Massachusetts and helped the colonists survive through the winter. The Native Americans brought corn and turkey to the celebration, which became a harvest feast in 1623.

Today, Thanksgiving is celebrated with friends and family. It is celebrated on the fourth Thursday of November with a very large dinner. A big roasted turkey, stuffing, mashed potatoes, green beans, and pumpkin pie are served. These are the traditional Thanksgiving dishes, but there are many others as well. Eating a Thanksgiving dinner is a good way to gain a few kilograms.

1 Why does the author mention religion in paragraph 1?

(A) To suggest what the colonists were thankful for
(B) To show how long the first Thanksgiving lasted
(C) To explain why the first Thanksgiving was held
(D) To point out that Thanksgiving came from the Wampanoag tribe

2 The author refers to a few kilograms in paragraph 2 to indicate that

(A) Thanksgiving dinner is a very heavy meal.
(B) Thanksgiving dinner takes a long time to prepare.
(C) Thanksgiving dinner is shared only with friends and family.
(D) Thanksgiving dinner today is better than the first Thanksgiving dinner.

When is Thanksgiving celebrated today?

CHALLENGE TOEFL iBT®

1. What does the passage mainly discuss?

    Ⓐ Why Queen's Day was changed to King's Day
    Ⓑ The history and traditions of a Dutch holiday
    Ⓒ How the Dutch celebrate a new king or queen
    Ⓓ The most popular holidays throughout Europe

2. The author's main purpose in paragraph 1 is

    Ⓐ to show the different types of events held on the holiday
    Ⓑ to explain why people wear the color orange on the holiday
    Ⓒ to point out how the holiday has changed over the years
    Ⓓ to compare similar holidays from several different nations

3. The word enormous in paragraph 2 is closest in meaning to

    Ⓐ expensive
    Ⓑ unique
    Ⓒ popular
    Ⓓ huge

4. Why does the author mention tourists in paragraph 2?

    Ⓐ To focus on how much King's Day has changed
    Ⓑ To indicate that the market is open to everybody
    Ⓒ To emphasize the popularity of the holiday
    Ⓓ To explain why King's Day is held in Amsterdam

5. All of the following are true about the holiday EXCEPT that

    Ⓐ people start to celebrate it the night before.
    Ⓑ it features music and dancing on boats.
    Ⓒ its biggest celebration is held in Amsterdam.
    Ⓓ it was originally called Princess's Day.

King's Day

In 1885, a new holiday was created in the Netherlands. It was called Princess's Day. It was held every year on August 31, the birthday of Princess Wilhelmina. When Wilhelmina became queen, the holiday's name was changed to Queen's Day. Later, after Wilhelmina's daughter Juliana became queen, the holiday was moved to her birthday, April 30. Today, the holiday is known as King's Day in honor of King Wilhelm-Alexander, and it is held on April 27.

On this holiday, everyone dresses in orange, which is the Dutch national color. The celebration starts the night before, known as King's Night, and continues throughout the next day. There is music and dancing in the streets, and the city's canals are filled with decorated boats. There is also an **enormous** market where anyone can buy or sell items. The biggest King's Day celebration is held in Amsterdam. Up to a million **tourists** join the party each year.

---

canal   a manmade river

COLLOCATION

Fill in the blanks with the appropriate words.

1. While St. Patrick was a slave, he suffered very much and began to _____ God.

2. People put their baskets into the water and _____.

3. Many Hawaiians danced the hula _____, and it became popular again.

4. In the past, many good luck charms were _____ animals.

5. Today, the holiday is known as King's Day _____ King Wilhelm-Alexander.

6. Eating a Thanksgiving dinner is _____ to gain a few kilograms.

7. When a lantern's candle is lit, the lantern _____ into the sky.

8. These Native Americans lived in Massachusetts and helped the colonists _____ the winter.

9. There is music and dancing in the streets, and the city's canals are _____ decorated boats.

rises up	in honor of	a good way
in secret	believe in	make a wish
related to	filled with	survive through

CHAPTER 07

INFERENCE

Environment

This chapter is designed to give students strategies for answering inference-type questions. Students will learn how to draw conclusions based on information in passages.

Chapter 07
Inference
Environment

INTRODUCTION

An inference question asks you to make a conclusion based on facts provided in the passage. The conclusion is not given directly and must be reached by putting the facts together in a logical way.

TYPICAL QUESTION TYPES

What can be inferred about ... in the passage?

It can be inferred from paragraph _____ that

According to paragraph _____, what can be inferred about ...?

STRATEGIES

- Look for the words *inferred* or *probably*, along with similar words, to identify inference-type questions.

- Go to the specified paragraph and look for the clue words given in the question. For example, if the question asks "According to paragraph 3, what can be inferred about gray wolves?" go to paragraph 3 and look for the clue words, "gray wolves." Read the sentences that include the words "gray wolves."

- Choose the most logical conclusion from the answer choices.

SAMPLE

Green Architecture

Green architecture is the design and construction of buildings that do not harm the planet. The buildings are made from environmentally friendly materials. For example, bamboo is used instead of wood. This is because bamboo can be regrown faster than trees. Recycled materials are commonly used too. Green architecture also conserves energy. By adding large windows to their buildings, architects take advantage of natural heating sources. This means less electricity or fossil fuels are needed to keep the buildings warm. The buildings must also be well insulated. If less heat escapes, less energy will be used.

What can be inferred about the large windows mentioned in the passage?

(A) They are popular with residents but bad for the environment.
(B) They cannot be used in buildings that are made of bamboo.
(C) They allow sunlight to enter the buildings and heat them.
(D) They are designed to allow as much heat to escape as possible.

Check Up

Circle the words that are clues to the answer of the above question.

| natural heating | recycled | warm | bamboo | fossil fuels |

STARTING UP

Circle the sentence that makes the correct inference.

1   The ozone layer protects the Earth from the harmful rays of the sun. But now there are holes in the ozone layer. The holes were made by chlorofluorocarbons (CFCs). Refrigerators and spray cans produce them. Using CFCs was banned in 1994. Since then, the holes seem to have become smaller.

                               chlorofluorocarbon   a gas made of fluorine and chlorine

(A) CFCs are not dangerous if they stay in the lower atmosphere.
(B) Different materials are now used for refrigerators and spray cans.

2   The Arctic National Wildlife Refuge (ANWR) is located in Alaska, USA. It covers nearly 80,000 square kilometers. Although it is protected by law, some people want to drill for oil in the ANWR. They claim this would bring the government billions of dollars. But others believe protecting nature is more important than making money.

(A) The US government wanted to drill for oil in the ANWR in the past.
(B) Some people think drilling for oil would harm the ANWR.

3   A landslide is a large amount of soil and rock that slides down a mountain. Earthquakes or heavy snowfall can cause landslides. If the land is not stable, landslides are more likely to happen. Landslides sometimes occur due to soil erosion after many trees have been chopped down. They can also be caused by large construction projects.

(A) Humans sometimes cause landslides to occur.
(B) Mountains are not strong enough to maintain themselves.

Do you know these words?

- [ ] **layer**   n. a thin sheet of a substance
- [ ] **ray**   n. a narrow beam of light, heat, etc.
- [ ] **ban**   v. to prevent from doing or happening
- [ ] **stable**   adj. firmly fixed; not likely to move or change

4 The World Wide Fund for Nature (WWF) is the largest environmental organization in the world. It has millions of supporters and about 1,000 projects around the world. More than 50% of the organization's money was donated by individuals. Less than 20% comes from governments, and less than 10% comes from corporations. Its main goal is to encourage humans to live in harmony with nature.

(A) The WWF spends more than half of its money on international projects.
(B) The WWF depends on people rather than governments for financial support.

5 People need clean air in order to stay healthy. Although we often worry about air pollution outside, indoor air pollution is also a big problem. Plants are a great way to keep the air inside your home clean. They reduce the amount of harmful chemicals in the air and increase the amount of clean oxygen. Experts suggest keeping a plant in every room of the house.

(A) Some chemicals that harm humans do not hurt plants.
(B) There are some plants that contain harmful chemicals.

☐	donate	v. to give money or goods to help a person or organization
☐	individual	n. a single person
☐	corporation	n. a large company or business
☐	pollution	n. damage caused to water, air, or land by harmful substances
☐	reduce	v. to make something smaller in size, amount, degree, etc.

VOCABULARY

Write the meaning of each word in Korean.

efficient
syn. effective

adj. functioning without wasting time or effort

This is an efficient way to train new employees.

_____

renewable

adj. able to be regenerated

Solar power is a renewable energy source.

_____

crop
syn. harvest

n. agricultural plants or produce

Rice is the main crop grown for export.

_____

affect
syn. influence

v. to have an impact on someone or something

The disease affects mainly the elderly.

_____

demand
syn. insist

v. to insist that something be given to you

Paul demanded that the store give him a full refund.

_____

poison
syn. pollute

v. to pollute or contaminate

The man tried to poison the city's drinking water.

_____

transport
syn. carry

v. to convey from one place to another

Trains transported the coal across the country.

_____

eliminate
syn. remove

v. to put an end to or get rid of

Ann rechecked her report to eliminate spelling errors.

_____

predator

n. an animal that kills and eats other animals

Lizards shed their tails to escape predators.

_____

survival
syn. life

n. the fact or state of continuing to live or exist

The drug gave patients a better chance of survival.

_____

Match the words with their synonyms.

1	efficient		a	pollute
2	poison		b	harvest
3	affect		c	life
4	survival		d	carry
5	crop		e	effective
6	transport		f	influence

Complete the sentences with the words below.

efficient	eliminates	survival	demanded	predators

1 With little water, the man's chances of _____ were low.

2 Samantha _____ to see the manager right away.

3 Lions, tigers, and wolves are _____.

4 This newly developed cleaning product _____ germs.

5 The city's subway system is one of the most _____ in Europe.

Building Up 1

The Forest

Forests are areas with many trees. Many species of plants and animals live in forests. Forests reduce erosion and prevent flooding by helping soil absorb rainwater. They also decrease the amount of carbon dioxide in the air. This is important because high levels of carbon dioxide can cause global warming. Therefore, forests protect both people and the environment.

What can be inferred about forests from the passage?

(A) They use up too much carbon dioxide.
(B) They consume a lot of water.
(C) They benefit the water cycle.
(D) They are frequently flooded.

Fill in the blanks to complete the sentences.

1. Forests have many _____ of plants and animals.

2. Forests protect the soil and _____ flooding.

3. Forests reduce the amount of _____ in the air.

Biofuels

Bioenergy is energy that is created by burning natural materials. These materials are called biofuels. Wood and charcoal are traditional biofuels. People have been burning them for centuries to heat their homes and cook their food. However, they pollute the air and require people to cut down trees. Today, scientists are finding more efficient biofuels. These new biofuels are renewable and create less air pollution when they burn. They include grasses, algae, and crops such as corn and sugarcane.

What can be inferred about traditional biofuels from the passage?

(A) They create more energy than new biofuels.
(B) They are not environmentally friendly.
(C) They help fight air pollution.
(D) They are illegal in most countries.

1 Bioenergy is created by _____ natural materials.

2 Traditional biofuels include wood and _____.

3 New biofuels create _____ pollution and are _____.

The Impact of Our Diet

These days, people pay close attention to the food they eat. However, they worry only about how it affects their health. They do not realize that their diet can also harm the environment.

Consumers demand cheap food that contains many calories. To meet this demand, farmers grow mostly corn or soybeans. But growing only one kind of crop is bad for the soil. So the farmers must use lots of fertilizer. This harms animals and poisons the water.

People also want food that is grown or produced far away. This food must be transported great distances, which creates pollution. If you want an environmentally friendly diet, choose locally grown items, including a variety of fresh fruits and vegetables. This will keep both your body and the Earth healthy.

fertilizer   a substance added to land to make plants grow well

---

1 It can be inferred from paragraph 2 that

(A) farmers are using less fertilizer today.
(B) low-calorie crops damage the soil.
(C) corn and soybeans fit consumer need.
(D) too many kinds of crops are being grown.

2 What can be inferred from paragraph 3?

(A) Food transportation costs less today than it did in the past.
(B) Demand for food from foreign countries is decreasing.
(C) Environmentally friendly food tastes better.
(D) Imported food can have a negative effect on the environment.

Write the answer.

What can you do to make your diet more environmentally friendly?

___

How to Save the Hirola

The hirola is a brown antelope with long, sharp horns. It lives in Kenya and Somalia, but there are fewer than 500 left. There used to be about 15,000 hirola, but most of them were killed by a deadly virus in the 1980s. Scientists eliminated the virus in the 1990s, but the hirola population has not increased since then.

The biggest problem is a lack of grass for the hirola to eat. This is partly because the local elephant population has been reduced by hunters. Elephants knock over trees and eat them. Without elephants, the trees spread into grasslands, reducing the amount of grass. Experts believe that protecting elephants will stop the trees from spreading. This could increase the amount of grass and cause the hirola population to rise.

1 According to paragraph 1, what can be inferred about the hirola?

   (A) It no longer suffers from the deadly virus.
   (B) It moved from Kenya to Somalia in the 1980s.
   (C) Its population increased sharply in the 1990s.
   (D) Its long, sharp horns are used for hunting.

2 It can be inferred from paragraph 2 that

   (A) elephants protect hirola from human hunters.
   (B) elephants and hirola share the same habitat.
   (C) experts tried to increase the amount of the local grass.
   (D) there are no longer any trees in the grasslands.

What do elephants do to trees?

CHALLENGE TOEFL iBT®

1. What is the main idea of the passage?

    Ⓐ The number of jellyfish has increased dangerously due to overfishing.
    Ⓑ Governments have successfully taken steps to reduce overfishing.
    Ⓒ Overfishing is a serious environmental threat that must be stopped.
    Ⓓ Fish farms depend on overfishing to keep fish populations in balance.

2. The word recover in paragraph 1 is closest in meaning to

    Ⓐ shrink
    Ⓑ discover
    Ⓒ measure
    Ⓓ heal

3. The word their in paragraph 2 refers to

    Ⓐ a single fish species
    Ⓑ entire ecosystems
    Ⓒ jellyfish
    Ⓓ natural predators

4. Why does the author mention Some communities in paragraph 2?

    Ⓐ To give a reason why overfishing often occurs
    Ⓑ To show how humans are harmed by overfishing
    Ⓒ To suggest that overfishing can be stopped easily
    Ⓓ To focus on the effects of an imbalanced ecosystem

Overfishing

Overfishing is one of the biggest problems facing our oceans today. It is the act of catching too many fish of a certain species. Once a fish population drops too low, it may never be able to recover.

Besides harming a single fish species, overfishing can cause entire ecosystems to go out of balance. For example, jellyfish are rapidly growing in number. This is because their natural predators have been overfished. Overfishing also has negative effects on human beings. Some communities depend on fishing for survival. Due to overfishing, people in these communities lose their ability to earn the money they need to feed their families.

There are several things that can be done to prevent overfishing. First, governments must limit the number of fish that can be caught. Second, fishing should be banned in some parts of the ocean. Finally, fish farms can be used to increase the populations of endangered species. Hopefully, it is not too late to save our oceans.

---

ecosystem all the plants and animals in a particular area and the way they affect each other and the environment

CHALLENGE TOEFL iBT®

5. Which of the sentences below best expresses the essential information in the highlighted sentence in paragraph 2? *Incorrect* choices change the meaning in important ways or leave out essential information.

    Ⓐ The ability to earn money by overfishing helps feed people's families.
    Ⓑ Overfishing helps people to earn money and feed their families.
    Ⓒ People cannot afford to feed their families because of overfishing.
    Ⓓ People overfish because they need more money to feed their families.

6. It can be inferred from the passage that

    Ⓐ some parts of the ocean are more affected by overfishing than others.
    Ⓑ fish farms are one of the main causes of overfishing.
    Ⓒ jellyfish are the natural predators of many fish that people eat.
    Ⓓ it is natural for fish populations to increase and decrease greatly.

Overfishing

Overfishing is one of the biggest problems facing our oceans today. It is the act of catching too many fish of a certain species. Once a fish population drops too low, it may never be able to recover.

Besides harming a single fish species, overfishing can cause entire ecosystems to go out of balance. For example, jellyfish are rapidly growing in number. This is because their natural predators have been overfished. Overfishing also has negative effects on human beings. Some communities depend on fishing for survival. Due to overfishing, people in these communities lose their ability to earn the money they need to feed their families.

There are several things that can be done to prevent overfishing. First, governments must limit the number of fish that can be caught. Second, fishing should be banned in some parts of the ocean. Finally, fish farms can be used to increase the populations of endangered species. Hopefully, it is not too late to save our oceans.

---

ecosystem   all the plants and animals in a particular area and the way they affect each other and the environment

COLLOCATION

Fill in the blanks with the appropriate words.

1. Once a fish population drops too low, it may never _____ recover.

2. This food must be transported _____, which creates pollution.

3. These days, people _____ to the food they eat.

4. Some communities _____ fishing for survival.

5. People also want food that is grown or produced _____.

6. WWF's main goal is to encourage humans to live _____ nature.

7. By adding large windows to their buildings, architects _____ natural heating sources.

8. Overfishing can cause entire ecosystems to go _____.

9. If you want an environmentally friendly diet, choose locally grown items, including _____ fresh fruits and vegetables.

far away	a variety of	take advantage of
be able to	great distances	in harmony with
depend on	out of balance	pay close attention

CHAPTER

08

INSERTION

Space ▸

Students will develop their ability to understand logical links between sentences in order to put a given sentence in the correct place.

Insertion
Space

INTRODUCTION

An insertion question checks your ability to understand the meaning of words and the grammatical and logical links between sentences. You will be asked to insert a sentence into a paragraph of the reading passage.

TYPICAL QUESTION TYPE

Look at the four squares [■] that indicate where the following sentence could be added to the passage.

Hence, even when a galaxy passes through another galaxy, there is no damage.

Where would the sentence best fit?
Click on a square [■] to add the sentence to the passage.

STRATEGIES

- Try placing the given sentence in the space marked by each square. Scan the paragraph each time to see if it still makes sense.

- Look for transition words in the sentence to be added. Words such as *so*, *and*, *hence*, *therefore*, *however*, *moreover*, *in addition*, *for example*, etc. give you clues as to where the sentence should go.

- Look for reference clues. Pronouns and personal pronouns are reference clues. Find the noun each pronoun refers to.

- Look at the vocabulary in the sentence to be added. Sometimes a certain word in the sentence can be a clue word.

SAMPLE

Shapes of the Moon

The Moon does not always look the same. ▲ The Moon's appearance changes several times within a one-month period. This is because of the positions of the Sun, the Earth, and the Moon. At the start of the month, when we cannot see the Moon, we call it a new moon. ᗷ Day by day, the Moon appears to increase in size. Just after the middle of the month, we can see a full moon. ᑕ The Moon then appears to become smaller until another month begins and we have a new moon once again. ᗪ

Look at the four squares [■] that indicate where the following sentence could be added to the passage.

Sometimes it is round like a circle, and sometimes it looks like a crescent.

Where would the sentence best fit?

Check Up

Circle the words that are clue words of the Moon's shape.

| same | increase | size | appear | smaller |

STARTING UP

Put the sentences in correct order.

1.
   a. Long ago, people used the stars to find their way.
   b. So travelers used the constellation to navigate when they got lost.
   c. They would look for groups of stars to check which direction they should go.
   d. For example, Orion is best seen during the winter in the Northern Hemisphere and during the summer in the Southern Hemisphere.

   a → ☐ → ☐ → ☐

2.
   a. The number of sunspots is constantly changing.
   b. These spots are called sunspots.
   c. The Sun has many spots on its surface.
   d. This is because they appear and disappear every 11 years.

   ☐ → ☐ → ☐ → ☐

3.
   a. They are usually accompanied by a sudden flash of light.
   b. Sometimes objects can be seen moving across the night sky.
   c. These are often meteors, which are commonly called shooting stars.
   d. This flash occurs when a meteoroid hits Earth's atmosphere.
   e. A meteoroid is an object made of stone or metal that travels through space.

   ☐ → ☐ → ☐ → ☐ → ☐

Do you know these words?

- ☐ **direction** — n. a way in which one may face or travel
- ☐ **hemisphere** — n. one half of the earth, as divided by the equator
- ☐ **accompany** — v. to occur at the same time as something else

Check the square where the given sentence fits.

1 **However, these lights are sometimes red, especially in Europe and North America.**

One of the most beautiful sights in the sky is the aurora borealis. **A** People call it the "northern lights" because it begins in the north as a whitish glow. **B** It then changes into green or yellow-green lights. **C** Whatever their color, they look like they are dancing in the sky. **D**

2 **Some of these include the moons of Jupiter, the craters on Earth's moon, and even nearby galaxies.**

Many people think that the only way to look at space is with a telescope. **A** They do not know that binoculars can be used to view many things in space. **B** Binoculars can also let people see more of the sky. **C** Telescopes can only focus on one spot in outer space. **D**

☐	glow	n. a steady flameless heat or light
☐	galaxy	n. an extremely large group of stars and planets
☐	telescope	n. a magnifying device that is used to look at things far away
☐	binoculars	n. a magnifying device designed to be used by both eyes

VOCABULARY

Write the meaning of each word in Korean.

practical   adj. capable or effective in actual use
syn. useful
Ed has many inventions, but they are not very practical.   _____

launch   v. to send something into the air
A communications satellite will be launched soon.   _____

orbit   v. to follow a curved path around a planet or star
Several moons orbit Jupiter.   _____

arrangement   n. a group of things placed in particular positions
There is an arrangement of objects on the table.   _____

fascinate   v. to interest someone a lot
syn. charm
Anything to do with space fascinates Karl.   _____

irrigation   n. the supply of water to land or crops to help growth, typically by means of channels
These wells provide irrigation to farmers in the area.   _____

evidence   n. a basis for belief
syn. proof
Joan had no solid evidence to back up her theory.   _____

vegetation   n. plants that are found in a particular area
There used to be thick vegetation near the river.   _____

numerous   adj. existing in large numbers
syn. many
The film by the director won numerous awards.   _____

exact   adj. correct or true in every way
Ann looked the word up to check its exact meaning.   _____

Match the definitions with the words.

1	correct or true in every way	a	fascinate
2	capable or effective in actual use	b	orbit
3	to interest someone a lot	c	vegetation
4	plants that are found in a particular area	d	launch
5	to send something into the air	e	practical
6	to follow a curved path around a planet or star	f	exact

Complete the sentences with the words below.

irrigation	numerous	orbit	evidence	arrangements

1 Michael has been of great help on _____ occasions.

2 There was no _____ that the fight actually took place.

3 The land that Mike owned was hilly, and the _____ system was poor.

4 It takes the planet a year to _____ the sun.

5 There were elegant floral _____ in every corner of the room.

Building Up 1

The Invention of the Telescope

No one knows when the telescope was invented. Some people think it was as early as 385 BC. In that year, the Greek philosopher Democritus said the Milky Way is made up of many stars. **A** Some early lenses that may have been used for telescopes were found in Sweden. **B** They were made in the 11th century. **C**

The earliest recorded telescope was invented in the 13th century. It was made by Roger Bacon. **D** Early telescopes had one big problem. They turned images upside down. In 1608, the first practical telescope that did not do this was invented in the Netherlands.

Look at the four squares [■] that indicate where the following sentence could be added to the passage.

He could not have known this unless he had a telescope to see the stars clearly.

Where would the sentence best fit?

Fill in the blanks to complete the sentences.

1. We do not know when the telescope was _____.

2. Roger Bacon's 13th-century invention was the earliest _____ telescope.

3. Early telescopes turned images _____.

Space Probes

Space probes travel into space, but they do not have people on them. **A** Some probes circle around other planets, but others actually land on planets and move around them. These probes are called rovers. **B** Most probes never return to Earth. They just send back the information they collect.

Cassini is a probe that was launched in 1997. It reached Saturn in 2004 and orbited the planet until 2017. **C** *Spirit* and *Opportunity* are rovers that landed on Mars in 2004. **D** However, *Opportunity* kept sending information back until June of 2018.

Look at the four squares [■] that indicate where the following sentence could be added to the passage.

They were designed to collect information about the planet for 90 days.

Where would the sentence best fit?

1. Space probes do not have _____ on them.

2. *Cassini* is a probe that _____ Saturn from 2004 to 2017.

3. Rovers are probes that _____ on planets and move around them.

Building Up / 2

The Big Dipper

■1A A constellation is an arrangement of stars that can be seen from Earth. ■1B The Big Dipper is made up of the seven brightest stars in the constellation of Ursa Major. ■1C The arrangement of stars in Ursa Major looks like a bear. ■1D

The Big Dipper is often the first constellation people see when they look at the night sky. ■2A It is easy to find because of its location and shape. It is always located at the top of the night sky in summer. ■2B The Big Dipper is often used to find other important stars. ■2C Two of the stars in the cup of the Big Dipper can be used to find the North Star and Arcturus. The North Star has been used by explorers as a compass. ■2D And Arcturus is a well-known giant red star.

1 Look at the four squares [■] that indicate where the following sentence could be added to the passage.

This is why Ursa Major is also called the Great Bear.

Where would the sentence best fit?

2 Look at the four squares [■] that indicate where the following sentence could be added to the passage.

And it is shaped like its name implies.

Where would the sentence best fit?

Write the answer.

What is a constellation?

_____

Mars

Of all the planets in our solar system, none of them has fascinated people more than Mars. **1A** Scientists who looked through their telescopes saw grids, or crisscrossing lines on the planet's surface. **1B** Some people concluded that the grids were irrigation canals. **1C** They thought this was evidence that there was water on Mars. **1D** Furthermore, it was noticed Mars' surface seemed to change color with Earth's seasons. Some people believed this meant that plants were growing on Mars.

However, the first Mars exploration discovered no canals, water, or vegetation. It was rather disappointing. **2A** But some interesting discoveries have been made about Mars thanks to visiting spacecraft. **2B** There is no oxygen there. **2C** The average temperature on Mars is -63 degrees Celsius. **2D** Other discoveries include the low and smooth northern hemisphere and the numerous craters in the southern hemisphere.

1. Look at the four squares [■] that indicate where the following sentence could be added to the passage.

   They also thought it was a sign of intelligent life on the planet.

   Where would the sentence best fit?

2. Look at the four squares [■] that indicate where the following sentence could be added to the passage.

   Instead, its atmosphere mostly consists of carbon dioxide.

   Where would the sentence best fit?

What was discovered in the southern hemisphere of Mars?

CHALLENGE TOEFL iBT

1. What is the main idea of the passage?

    Ⓐ Point Nemo is a giant space station that was built in the Pacific Ocean.
    Ⓑ Point Nemo is the place where useless space objects crash.
    Ⓒ Most space objects stop working before being sent to Point Nemo.
    Ⓓ Scientists at Point Nemo study satellites that circle the earth.

2. The word nutrients in paragraph 1 is closest in meaning to

    Ⓐ shelter
    Ⓑ moisture
    Ⓒ air
    Ⓓ food

3. The author's main purpose in paragraph 1 is

    Ⓐ to compare Point Nemo to similar locations
    Ⓑ to emphasize the importance of Point Nemo
    Ⓒ to explain the characteristics of Point Nemo
    Ⓓ to suggest that Point Nemo is not a real place

4. The word it in paragraph 2 refers to

    Ⓐ computer technology
    Ⓑ 1992
    Ⓒ an important reason
    Ⓓ Point Nemo

Point Nemo

There is a special place that is known as "Point Nemo." It is located in the middle of the South Pacific Ocean. However, it is neither a town nor an island. It is simply the location on Earth that is the farthest from any land—2,688 kilometers, to be exact. Because Point Nemo is so far away from land, there are no people living near it. And few nutrients are found in Point Nemo's water, so there are not many sea creatures there.

Scientists used computer technology to locate Point Nemo in 1992 for an important reason. 6A They use it as a spacecraft "graveyard." 6B When orbiting spacecraft, space stations and satellites stop working, they fall back to Earth. 6C So they are guided to Point Nemo, where they can crash harmlessly into the ocean. There are already hundreds of space objects at Point Nemo, and the number is growing every year. 6D

---

satellite   a device sent up into space to travel around the earth, used for collecting information or communicating by radio, television, etc.

CHALLENGE TOEFL iBT®

5. According to paragraph 2, which of the following is true about spacecraft, space stations and satellites?

    Ⓐ They are directed toward Point Nemo to crash.
    Ⓑ They were used to locate Point Nemo in 1992.
    Ⓒ They are usually designed and built at Point Nemo.
    Ⓓ They continue to orbit Earth after they stop working.

6. Look at the four squares [■] that indicate where the following sentence could be added to the passage.

    Some burn up in Earth's atmosphere, but others do not.

    Where would the sentence best fit?

Point Nemo

There is a special place that is known as "Point Nemo." It is located in the middle of the South Pacific Ocean. However, it is neither a town nor an island. It is simply the location on Earth that is the farthest from any land—2,688 kilometers, to be exact. Because Point Nemo is so far away from land, there are no people living near it. And few nutrients are found in Point Nemo's water, so there are not many sea creatures there.

Scientists used computer technology to locate Point Nemo in 1992 for an important reason. **6A** They use it as a spacecraft "graveyard." **6B** When orbiting spacecraft, space stations and satellites stop working, they fall back to Earth. **6C** So they are guided to Point Nemo, where they can crash harmlessly into the ocean. There are already hundreds of space objects at Point Nemo, and the number is growing every year. **6D**

---

satellite   a device sent up into space to travel around the earth, used for collecting information or communicating by radio, television, etc.

COLLOCATION

Fill in the blanks with the appropriate words.

1. Early telescopes had one big problem. They turned images _____.

2. While falling back to Earth, some of the spacecraft _____ in Earth's atmosphere.

3. Point Nemo is _____ the middle of the South Pacific Ocean.

4. There is a special place that is _____ "Point Nemo."

5. No one knows when the telescope was invented. Some people think it was _____ 385 BC.

6. Most probes just _____ the information they collect.

7. Day by day, the Moon appears to increase _____.

8. Some interesting discoveries have been made about Mars _____ visiting spacecraft.

9. When orbiting spacecraft, space stations and satellites stop working, they _____ Earth.

in size	located in	fall back to
burn up	known as	upside down
as early as	send back	thanks to

CHAPTER 09

SUMMARY

Health & Sports

This chapter is designed to give students strategies for answering summary questions successfully. Students will learn to pick out the major ideas of passages by separating them from minor ideas.

CHAPTER 09

Summary
Health & Sports

INTRODUCTION

A summary is a short review of the major ideas of a passage. Summary questions check how well you picked out the major ideas of the passage.

TYPICAL QUESTION TYPE

Directions: An introductory sentence for a brief summary of the passage is provided below. Complete the summary by selecting the THREE answer choices that express the most important ideas in the passage. Some sentences do not belong in the summary because they express ideas that are not presented in the passage or are minor ideas in the passage.

An introductory sentence

-
-
-

Answer Choices

STRATEGIES

- Read the introductory sentence and answer choices in the summary chart carefully.
- Recognize the difference between major ideas and minor ideas in the passage.
- Analyze each answer choice and decide if it is true, false, or not discussed.
- Select the answers that are both true and major ideas.

SAMPLE

Hay Fever

Hay fever is a common allergy caused by pollen. About 20 percent of people are allergic to some kind of pollen. Hay fever causes the eyes, nose and throat to become swollen and itchy. The allergy usually gets better as people get older. Sometimes it even disappears completely.

Hay fever is not a serious threat to health, but it can have a negative impact on a person's quality of life. Those who have a very severe hay fever often find that it disrupts their productivity at school or work.

Directions: An introductory sentence for a brief summary of the passage is provided below. Complete the summary by selecting the THREE answer choices that express the most important ideas in the passage. Some sentences do not belong in the summary because they express ideas that are not presented in the passage or are minor ideas in the passage.

Hay fever is a kind of allergy.

-
-
-

Answer Choices

(A) Though not a serious disease, hay fever can affect your personal life.
(B) Pollen is released by plants in order to reproduce.
(C) Wearing sunglasses outdoors can protect your eyes from the sun.
(D) Hay fever is caused by pollen.
(E) Hay fever is more likely to affect older people than younger people.
(F) Hay fever causes swelling and itchiness in the eyes, nose and throat.

STARTING UP

Separate the major ideas from the minor ones. Then write the letters in the correct boxes.

1
(A) Do not eat heavy meals right before bedtime.
(B) In order to sleep well, you must follow certain rules.
(C) Keep the lights turned off.
(D) You can play some soft music if you cannot sleep.

Major idea	(B)	Minor ideas	

2
(A) Children sometimes feel pain because they are growing.
(B) It is not growing pain if the pain is in the knees or elbows.
(C) If the child has a fever or does not want to eat, it is not growing pain.
(D) Growing pain can be felt in the muscles.

Major idea		Minor ideas	

3
(A) Bones in the arms break easily when a child falls.
(B) The wrist, lower arm, and upper arm can all break.
(C) The ankle and lower part of the leg sometimes break.
(D) Playing sports is fun, but young children can break bones while they play.

Major idea		Minor ideas	

Do you know these words?

☐ pain   n. a feeling of physical suffering caused by injury or illness
☐ fever   n. a rise in the temperature of the body
☐ muscle n. tissue that makes parts of the body move

Read the passage and circle the major ideas below in order to make a summary.

A cough occurs when the lungs suddenly push out air. This helps keep the lungs clean. Many different things can cause coughs. A cough is actually a reflex. This means it happens to the body automatically. Too much dirt or cigarette smoke in the air can make a person cough. A cough can also be a symptom of the common cold or a side effect of some drugs.

Cough treatments vary, depending on the cause. A cough usually can be cured with medicine. A cough with a runny nose, for example, is usually treated with a decongestant. However, a simple piece of mint candy can be enough to get rid of a dry cough.

(A) Only medicine can stop coughs.
(B) A cough pushes air out of the lungs.
(C) Smoke from a cigarette is the worst for the lungs.
(D) Coughs can occur for many reasons.
(E) A cough happens to the body automatically.
(F) A cough can occur because of a cold or some drugs.
(G) Coughs can be healed in different ways.
(H) When you have a dry cough, a piece of mint candy can be helpful.
(I) A cough with a runny nose can be cured by a decongestant.

☐	symptom	n. any physical or mental change which is caused by a particular disease
☐	side effect	n. an unpleasant secondary effect of a drug
☐	treatment	n. the process of providing medical care
☐	decongestant	n. a medicine which helps one to breathe more easily

VOCABULARY

Write the meaning of each word in Korean.

colonial   adj. relating to a period when one country rules another

France was once an important colonial power.

_____

remove
syn. erase   v. to get rid of

This product can easily remove paint.

_____

normal
syn. typical   adj. ordinary or usual

Normal body temperature is 37 degrees Celsius.

_____

reject
syn. decline   v. to refuse to accept or use

Jennifer rejected the company's job offer.

_____

overcome
syn. beat   v. to succeed in controlling or dealing with something

Max finally overcame his shyness in class.

_____

immigrant   n. one who moves permanently to another country

Dan is from a large Irish immigrant family.

_____

athlete
syn. sportsperson   n. a person trained to compete in sports

Ben made an Olympic athlete of himself.

_____

apply   v. to request something, usually officially

Mandy applied for a job with a newspaper.

_____

participate
syn. join   v. to take part

Many students participate in after-school sports.

_____

ceremony   n. formal acts performed on important occasions

Joe's family attended his graduation ceremony.

_____

Match the words with their synonyms.

1 remove   a decline

2 normal   b erase

3 athlete   c join

4 reject   d typical

5 overcome   e beat

6 participate   f sportsperson

Complete the sentences with the words below.

ceremony	applied	immigrants	colonial	normal

1 Many parts of Africa have suffered under _____ rule.

2 Our son _____ for admission to four colleges.

3 A judge will perform the couple's wedding _____.

4 Lively behavior is _____ for a five-year-old boy.

5 Tim's grandparents were _____ who came over from Poland.

Building Up 1

The Origins of American Football

In the 17th century, English colonial settlers brought association football and rugby to America. In 1867, the rules of these games were combined and introduced to colleges. This new game was called American football.

In 1880, the game rules were changed. While the old game had 25 players in each team, the new game had only 11. Each player had a specific role, such as lineman or quarterback.

In 1905, 18 men died while playing football. So the colleges tried to make the game safer by shortening it and removing dangerous rules.

Directions: Complete the summary by selecting the THREE answer choices that express the most important ideas in the passage.

Association football and rugby were brought to America from England.

-
-
-

Answer Choices

(A) Colleges made the game safer in 1905.
(B) American football was created in 1867.
(C) Eighteen men died playing football in 1905.
(D) American football players can be linemen or quarterbacks.
(E) American football is a very violent game.
(F) The number of players in American football changed in 1880.

Fill in the blanks to complete the sentences.

1 In 1867, American _____ was created.

2 The new football game had only 11 _____.

The Food Guide Pyramid

The Food Guide Pyramid is a healthy food chart. It organizes the food we should eat into a triangle. The food at the bottom of the triangle should be eaten most. Energy foods like bread, rice, and pasta are at the bottom. As we go up the triangle, we see vegetables, fruit, milk and protein foods. At the top of the triangle, there are fats and sweets such as candy. We should eat less of these.

The Food Guide Pyramid also recommends how much food we should have each day depending on our age. It also tells us how many calories we should consume. For example, it says that teenagers need 40 grams of vegetables each day and should consume 2,200 kilocalories.

Directions: Complete the summary by selecting the THREE answer choices that express the most important ideas in the passage.

The Food Guide Pyramid tells us how to eat healthy.

-
-
-

Answer Choices

(A) Bread, rice, and pasta are at the bottom of the Food Guide Pyramid.
(B) We should eat less fats and sweets.
(C) The Food Guide Pyramid has been changed many times.
(D) The Food Guide Pyramid makes eating suggestions based on age.
(E) The Food Guide Pyramid offers information about how many calories to eat a day.
(F) The Food Guide Pyramid arranges food according to how much of it we should eat.

1 The Food Guide Pyramid is a _____ chart.

2 We should eat more of the food _____ of the triangle.

Building Up 2

Food Neophobia

The term "neophobia" refers to a fear of anything new. One of the most common types is the fear of new foods. Food neophobia is considered a normal stage in child development. It usually occurs between the ages of two and six, and it affects more than half of all kids. Although it is not dangerous, it can lead to a poor diet. In most cases, it disappears over time.

Having food neophobia is not the same as being a picky eater. Picky eaters like the taste of only a small number of foods. After tasting other foods, they will reject them. Children with food neophobia, on the other hand, reject new foods without tasting them. Rewarding children with food neophobia for trying new foods can help them overcome the condition more quickly.

Directions: Complete the summary by selecting the THREE answer choices that express the most important ideas in the passage.

Food neophobia is the fear of new foods.

-
-
-

Answer Choices

(A) People on a diet are commonly affected by food neophobia.
(B) Food neophobia is one of many different kinds of neophobia.
(C) It is normal for developing children to have food neophobia.
(D) Encouraging children to try new foods can help them get over the condition faster.
(E) Having food neophobia can cause people to become picky eaters.
(F) Food neophobia can result in a poor diet, but it goes away as time goes by.

Write the answer.

When do people usually suffer from food neophobia?

_____

Curling

Curling is a winter sport played on ice. Although many people believe it is Canadian, it was actually created in Scotland in the early 16th century. Scottish immigrants brought curling to Canada in the 19th century.

A curling match is played by two teams of four players. Each team has eight stones. These are heavy objects made of rock that are pushed across the ice. When one player pushes his or her stone, two other players use brooms to sweep the ice in front of it. This affects how far the stone will travel. Teams score points by sliding their stones closest to the center of a target.

Curling became an Olympic sport in 1998, and it is now enjoyed by men and women all around the world.

Directions: Complete the summary by selecting the THREE answer choices that express the most important ideas in the passage.

Curling is a winter sport.

-
-
-

Answer Choices

(A) Curling is extremely popular in Canada.
(B) Curling is played by sliding a stone toward a target.
(C) There are four players on each curling team.
(D) The heavy objects used in curling are made of rock.
(E) Curling actually comes from Scotland, not Canada.
(F) In 1998 curling was made an Olympic sport.

What effect does sweeping the ice have in curling?

_____

CHALLENGE TOEFL iBT

1. What does the passage mainly discuss?

    Ⓐ How the Olympic torch relay began
    Ⓑ Why a torch is carried to the Olympics
    Ⓒ The tradition of carrying the Olympic torch
    Ⓓ The problems faced by Olympic torch carriers

2. The word submerged in paragraph 2 is closest in meaning to

    Ⓐ underwater
    Ⓑ shifted
    Ⓒ unfolded
    Ⓓ frozen

3. Look at the four squares [■] that indicate where the following sentence could be added to the passage.

    More recently, the torch went to space, where it was passed between astronauts and then sent back home for the Sochi 2014 Winter Olympics.

    Where would the sentence best fit?

4. Which of the following is NOT mentioned in the passage?

    Ⓐ The age limit for those who carry the Olympic torch
    Ⓑ How long the Olympic torch relay usually continues
    Ⓒ The types of people who have been torch runners
    Ⓓ Different means that have been used to carry the Olympic torch

Olympic Torch Relay

One of the most memorable traditions of the Olympics is the torch relay. Before the games officially begin, the torch is lit in Greece and carried from country to country.

Airplanes, cars, boats, and even horses and dog sleds have been used to carry the torch. 3A Once it arrives in the host city, however, it is usually carried by runners. 3B When the 2000 Summer Olympics were held in Sydney, Australia, the torch was carried by a scuba diver swimming across the Great Barrier Reef. 3C Of course, a special torch that can burn while submerged was used. 3D

Many famous people have carried the torch, including athletes, actors, musicians, and politicians. However, anyone who is at least 14 years old can apply to be a torch carrier. For the 2018 Winter Olympics in PyeongChang, 7,500 people participated in the torch relay. At the end of the relay, the Olympic flame is lit with the torch. It continues burning until the closing ceremony.

Great Barrier Reef   the largest coral reef in the world, located in the Coral Sea off the northeastern coast of Australia

CHALLENGE TOEFL iBT®

5. The word It in paragraph 3 refers to

   Ⓐ the relay
   Ⓑ the torch
   Ⓒ the Olympic flame
   Ⓓ the Winter Olympics

6. **Directions:** An introductory sentence for a brief summary of the passage is provided below. Complete the summary by selecting the THREE answer choices that express the most important ideas in the passage. Some sentences do not belong in the summary because they express ideas that are not presented in the passage or are minor ideas in the passage.

   The torch relay is an Olympic tradition.

   -
   -
   -

   Answer Choices

   Ⓐ In general, runners carry the Olympic torch after it reaches the host city.
   Ⓑ The Summer Olympic Games were held in Australia in 2000.
   Ⓒ The Olympic torch was once carried across the Great Barrier Reef.
   Ⓓ The Olympic torch is lit in Greece and carried across the world.
   Ⓔ There were more than 7,000 torch carriers at the 2018 Winter Olympics.
   Ⓕ The Olympic torch lights the Olympic flame, which keeps burning until the closing ceremony.

Olympic Torch Relay

One of the most memorable traditions of the Olympics is the torch relay. Before the games officially begin, the torch is lit in Greece and carried from country to country.

Airplanes, cars, boats, and even horses and dog sleds have been used to carry the torch. [3A] Once it arrives in the host city, however, it is usually carried by runners. [3B] When the 2000 Summer Olympics were held in Sydney, Australia, the torch was carried by a scuba diver swimming across the Great Barrier Reef. [3C] Of course, a special torch that can burn while submerged was used. [3D]

Many famous people have carried the torch, including athletes, actors, musicians, and politicians. However, anyone who is at least 14 years old can apply to be a torch carrier. For the 2018 Winter Olympics in PyeongChang, 7,500 people participated in the torch relay. At the end of the relay, the Olympic flame is lit with the torch. It continues burning until the closing ceremony.

Great Barrier Reef   the largest coral reef in the world, located in the Coral Sea off the northeastern coast of Australia

COLLOCATION

Fill in the blanks with the appropriate words.

1. If the child _____ or does not want to eat, it is not growing pain.

2. Although food neophobia is not dangerous, it can _____ a poor diet.

3. Anyone who is _____ 14 years old can apply to be a torch carrier.

4. About 20 percent of people are _____ some kind of pollen.

5. These eight stones are heavy objects made of rock that are _____ the ice.

6. Each player _____, such as lineman or quarterback.

7. The allergy usually _____ as people get older.

8. The food _____ the triangle should be eaten most.

9. For the 2018 Winter Olympics in PyeongChang, 7,500 people _____ the torch relay.

allergic to	participated in	lead to
gets better	at the bottom of	at least
has a fever	had a specific role	pushed across

CHAPTER
10

CATEGORY CHART

Geography

Students will learn to organize the information in a passage into categories in order to answer category chart questions.

CHAPTER 10

Category Chart
Geography

INTRODUCTION

A category chart question checks how well you can understand the major ideas and important information in a passage and organize them into categories.

TYPICAL QUESTION TYPE

Directions: Select the appropriate phrases from the answer choices and match them to the category to which they relate. TWO of the answer choices will NOT be used.

> Drag your answer choices to the spaces where they belong.
> To review the passage, click on **View Text**.

Answer Choices	Topic 1
(A)	•
(B)	•
(C)	
(D)	Topic 2
(E)	•
(F)	•

STRATEGIES

- Identify major ideas that relate to the topics as you read the passage.
- Recognize the comparisons and contrasts in the passage.
- Select the answers that are both major ideas and true. Also recognize relationships between the ideas.
- Analyze each answer choice and decide if it is true, false, or not discussed.

SAMPLE

Greenland and Iceland

Greenland and Iceland are both islands in the North Atlantic Ocean. Greenland is actually the biggest island in the world. It is part of Denmark, but it has its own government. Only about 57,000 people live there, and most earn money by fishing. They speak Danish and their own language, Greenlandic.

Iceland is much smaller than Greenland, but its population is bigger. More than 300,000 people live there, and they speak Icelandic. Iceland used to be part of Denmark, but it became independent during the 20th century. Many tourists visit Iceland to see its volcanoes, glaciers, and hot springs.

Directions: Select the appropriate phrases from the answer choices and match them to the island to which they relate. TWO of the answer choices will NOT be used.

Answer Choices

(A) Has a population of less than 100,000
(B) Is currently part of Denmark
(C) Is located in the South Atlantic Ocean
(D) Is visited by many tourists
(E) Used to be part of Canada
(F) Split from Denmark in the 20th century
(G) Is the largest island in the world

Greenland
•
•
•

Iceland
•
•

STARTING UP

Read and match the sentences to the categories they relate to.

1.
    (A) The earth has a diameter of nearly 8,000 miles.
    (B) The outermost layer of the earth is the crust.
    (C) The crust includes the continents and ocean basins.
    (D) The equator measures almost 25,000 miles in length.
    (E) The next layer is the mantle. This is where most of the heat of the earth is located.
    (F) The lowest point is the Dead Sea. It is about 1,300 feet below sea level.
    (G) The highest point on the earth is Mt. Everest. It is 29,000 feet above sea level.
    (H) The last layer is the core, which is separated into the liquid outer core and the solid inner core.

Dimensions of the Earth	Structure of the Earth

Do you know these words?

- [ ] **diameter** — n. a straight line that crosses through the center of a circle
- [ ] **basin** — n. a particular area where the earth's surface is lower than its surroundings
- [ ] **equator** — n. an imaginary line drawn around the middle of the earth
- [ ] **measure** — v. to be a particular size
- [ ] **dimension** — n. the size of something measured in height, width, depth or length

2
(A) A heavy storm causes ocean waves to grow and move toward land.

(B) Snow piles up in an unstable structure.

(C) A loud noise causes fallen snow to shift and move.

(D) A large amount of snow melts quickly and flows into rivers.

(E) An earthquake under the ocean causes a heavy storm, high tide, or tsunami.

(F) A river overflows its banks.

(G) A layer of weak snow is buried deep beneath fresh snow.

Causes of Floods	Causes of Avalanches

☐ high tide   n. the time when the sea reaches its highest level
☐ tsunami   n. a very large wave
☐ bury   v. to put something under the ground

VOCABULARY

Write the meaning of each word in Korean.

tornado n. a dangerous storm that is a spinning cone of wind
A tornado may hit the village soon.

tilt
syn. tip
v. to lean to one side or in one direction
The painting on the wall tilted to the left.

opposite adj. being in a position on the other side
Ralph and Mary live on opposite sides of the city.

comprise
syn. include
v. to be made up of
The center comprises a gym, a pool, and a tennis court.

freezing adj. extremely cold
The sailors survived for five hours in the freezing water.

civilization n. a society in an advanced state of social development
There was once an ancient civilization on this island.

flood
syn. overflow
v. to become swollen and overflow
The river has flooded three times this year.

temperate
syn. mild
adj. neither very hot nor very cold
France's climate is generally temperate.

tropical adj. very hot and humid
Bananas grow in tropical areas.

glacier n. a large mass of ice that moves slowly
This glacier flows at a rate of seven feet per day.

Match the definitions with the words.

1	a large mass of ice that moves slowly	a	freezing
2	extremely cold	b	tilt
3	to lean to one side or in one direction	c	temperate
4	to be made up of	d	glacier
5	neither very hot nor very cold	e	opposite
6	being in a position on the other side	f	comprise

Complete the sentences with the words below.

flooded	tropical	tilts	tornado	civilizations

1 More than 5,000 houses were damaged by the _____ last week.

2 When the river _____, it caused considerable damage.

3 The seat _____ backward when you press this button.

4 Indonesia has thousands of _____ islands.

5 Cuzco was the center of one of the world's most famous _____.

Building Up 1

Dust Devils and Mirages

Deserts are extremely hot and dry, so unusual things sometimes happen in them. Dust devils, for example, look like tornadoes, but they usually happen on sunny days. They are made of spinning air that sucks up sand. Although dust devils can be 10 meters wide, they are usually harmless.

Desert mirages are caused by hot air. The heat causes images to appear lower than they are. Mirages often look like shiny blue objects in the distance. Although they are actually light from the sky, people think they are lakes.

Directions: Select the appropriate phrases from the answer choices and match them to the desert phenomenon to which they relate. TWO of the answer choices will NOT be used.

Answer Choices

(A) Are often mistaken for water
(B) Can cause a lot of harm
(C) Resemble tornadoes
(D) Seem to be blue and shiny
(E) Usually happen in lakes
(F) Are made of spinning air

Dust Devils
-
-

Mirages
-
-

Fill in the blanks to complete the sentences.

1. Dust devils, which happen on _____ days, can be 10 meters wide.

2. The heat in the desert makes images appear _____ than they are.

Solstices and Equinoxes

As the Earth spins, it also tilts. The summer solstice occurs when the Earth tilts as far toward the Sun as possible. This is the shortest night of the year. When the Earth tilts in the opposite direction, it is the winter solstice, the longest night of the year.

Twice a year, the Earth tilts neither toward nor away from the Sun. This is known as an equinox, and it happens in September and March. On the equinox, there is exactly 12 hours of darkness and 12 hours of daylight.

Directions: Select the appropriate phrases from the answer choices and match them to the event to which they relate. TWO of the answer choices will NOT be used.

Answer Choices

(A) Take place for about 12 hours
(B) Occur in September and March every year
(C) Cause the Earth to spin in the opposite direction
(D) Occur in winter and summer every year
(E) Have equal amounts of darkness and daylight
(F) Happen when the Earth tilts toward or away from the Sun

Solstices
•
•

Equinoxes
•
•

1 The winter solstice is the _____ night of the year.

2 An equinox is when the Earth _____ neither toward nor away from the Sun.

Building Up 2

The Arctic and the Antarctic

The Arctic is located around the North Pole, and the Antarctic is on the opposite end of the planet. They both have lots of snow and ice. The Arctic comprises parts of eight countries and the Arctic Ocean, while the Antarctic is a continental land mass.

The Arctic is freezing, but it has mild winds from time to time. Plants grow thick during the spring and summer. There are also people who are native to the region. The Arctic Ocean is covered with ice, and there is no land beneath it.

The Antarctic is much colder than the Arctic and has stronger winds. Trees do not grow in the Antarctic, but there are animals such as penguins. Nobody lives in the Antarctic except researchers. When it was first discovered, no one paid attention to it because it was too cold. Today, there are researchers from over 30 countries studying the frozen land.

Directions: Select the appropriate phrases from the answer choices and match them to the region to which they relate. TWO of the answer choices will NOT be used.

Answer Choices

(A) Does not have native people
(B) Has a variety of animal life
(C) Has many plants during warm seasons
(D) Is located around the South Pole
(E) Includes an ocean beneath a layer of ice
(F) Is a habitat for penguins
(G) Has eight countries and three oceans

The Arctic
-
-

The Antarctic
-
-
-

Write the answer.

Why do researchers stay in the Antarctic?

_____

The Tigris and Euphrates Rivers

The Tigris and the Euphrates are a pair of rivers that flow through Turkey, Syria, and Iraq. It is believed that the world's first civilization developed between them.

The Tigris is the smaller of the two rivers. It is about 1,850 kilometers long, which is about 1,000 kilometers shorter than the Euphrates. It begins in southern Turkey and empties into the Persian Gulf. Few large cities have been built near it, as it often floods. It formed the eastern border of ancient Mesopotamia.

The Euphrates formed Mesopotamia's western border. Many great cities have been located near it, including ancient Babylon. Unfortunately, many dams have been built on the Euphrates. As a result, land that used to be full of plants and trees is now dry and lifeless.

Directions: Select the appropriate phrases from the answer choices and match them to the river to which they relate. TWO of the answer choices will NOT be used.

Answer Choices

(A) Has had many large cities near it
(B) Often overflows
(C) Is the world's second-longest river
(D) Is nearly 3,000 kilometers long
(E) Was Mesopotamia's border in the east
(F) Has been environmentally harmed by dams
(G) Starts in Iraq and flows into southern Turkey

The Tigris
•
•

The Euphrates
•
•
•

What is believed to have developed between the two rivers?

_____

CHALLENGE TOEFL iBT

1. What does the passage mainly discuss?

    Ⓐ The oceans around North and South America
    Ⓑ Geographical features of North and South America
    Ⓒ Similar regions in North and South America
    Ⓓ The differences in climate between North and South America

2. The word surrounded in paragraph 1 is closest in meaning to

    Ⓐ attacked
    Ⓑ covered
    Ⓒ blocked
    Ⓓ bordered

3. All of the following are mentioned in paragraph 1 as being a common feature of the two regions EXCEPT

    Ⓐ mountain ranges in the west
    Ⓑ the type of rock that forms the crust
    Ⓒ warm waters
    Ⓓ lower lands between highlands

4. The word This in paragraph 2 refers to

    Ⓐ having very cold waters
    Ⓑ being located in the Southern Hemisphere
    Ⓒ being temperate
    Ⓓ having corals in the northeast

The Americas

The Americas consist of North America and South America. These two continents cover 8.3 percent of the earth's surface. They are surrounded by three oceans and have similar types of rock forming their crusts. There are young mountain ranges along the western side of both continents. They also have an area of lower lands between highlands.

The climate of North America, which is located in the Northern Hemisphere, is temperate, while the climate of South America, which is located in the Southern Hemisphere, is tropical. North America has very cold waters because of the Arctic Ocean. This is why it has huge glaciers. South America has warm waters and corals in the northeast. Cold waters and glaciers are found only in the southern tip of South America.

North and South America each has its own special regions. North America has four great regions: the Great Plains, the mountain ranges in the west, a raised but flat plateau in the northeast, and an eastern region that is varied. South America has mountain ranges in the west, a large tropical rainforest known as the Amazon Basin, and a desert region.

---

plateau   a large highland area of fairly level land

5. The word tip in paragraph 2 could best be replaced by

   Ⓐ money
   Ⓑ advice
   Ⓒ end
   Ⓓ reserve

6. **Directions:** Select the appropriate phrases from the answer choices and match them to the continent to which they relate. TWO of the answer choices will NOT be used.

   Answer Choices

   Ⓐ Has warm waters in the northeast
   Ⓑ Has mountain ranges in the northeast
   Ⓒ Consists of four special regions
   Ⓓ Has a forest located in a basin
   Ⓔ Has a generally mild climate
   Ⓕ Has generally hot weather
   Ⓖ Covers 8.3 percent of the earth's surface

   North America
   •
   •

   South America
   •
   •
   •

The Americas

The Americas consist of North America and South America. These two continents cover 8.3 percent of the earth's surface. They are surrounded by three oceans and have similar types of rock forming their crusts. There are young mountain ranges along the western side of both continents. They also have an area of lower lands between highlands.

The climate of North America, which is located in the Northern Hemisphere, is temperate, while the climate of South America, which is located in the Southern Hemisphere, is tropical. North America has very cold waters because of the Arctic Ocean. This is why it has huge glaciers. South America has warm waters and corals in the northeast. Cold waters and glaciers are found only in the southern tip of South America.

North and South America each has its own special regions. North America has four great regions: the Great Plains, the mountain ranges in the west, a raised but flat plateau in the northeast, and an eastern region that is varied. South America has mountain ranges in the west, a large tropical rainforest known as the Amazon Basin, and a desert region.

---

plateau   a large highland area of fairly level land

COLLOCATION

Fill in the blanks with the appropriate words.

1. Land that used to _____ plants and trees is now dry and lifeless.

2. The Americas _____ North America and South America.

3. Desert mirages are _____ hot air.

4. There are also people who are _____ the region.

5. The Arctic is freezing, but it has mild winds _____.

6. North America and South America are _____ three oceans.

7. Dust devils are made of spinning air that _____ sand.

8. The Tigris begins in southern Turkey and _____ the Persian Gulf.

9. Iceland _____ be part of Denmark, but it became independent during the 20th century.

sucks up	native to	caused by
used to	surrounded by	be full of
consist of	from time to time	empties into

ACTIVATOR READING
for the TOEFL iBT®

PROGRESS TEST ②

PROGRESS TEST 2 | Questions 1-4 of 8

1. The Uffington White Horse is white because

   Ⓐ the color symbolized victory to ancient Vikings.
   Ⓑ the original color faded as time went by.
   Ⓒ there is chalk under the ground in the area.
   Ⓓ the local people added white paint to it.

2. Why does the author mention a solar horse in paragraph 3?

   Ⓐ To suggest a possible meaning of the White Horse
   Ⓑ To give an example of a similar ancient work of art
   Ⓒ To show how well known the White Horse is today
   Ⓓ To describe a key characteristic of the White Horse

3. Look at the four squares [■] that indicate where the following sentence could be added to the passage.

   Every summer they gather together to maintain it.

   Where would the sentence best fit?

4. **Directions:** Select the appropriate phrases from the answer choices and match them to the category to which they relate. TWO of the answer choices will NOT be used.

   Answer Choices

   Ⓐ Was created after a victory over the Vikings
   Ⓑ Has changed in color over the centuries
   Ⓒ Is more than 100 meters in length
   Ⓓ Was made sometime before 500 BC
   Ⓔ Informed people who the land belonged to
   Ⓕ Is maintained annually by the local people
   Ⓖ Is a copy of a larger picture that no longer exists

   Facts about the White Horse
   •
   •
   •

   Beliefs about the White Horse
   •
   •

The Uffington White Horse

In southern England there is a huge picture of a white horse on the side of a hill. Since it is near the village of Uffington, it is known as the Uffington White Horse.

The horse is 110 meters long and is actually carved into the hill. It is chalk hidden beneath the soil that makes it appear white. A legend says it was carved to celebrate a victory over Viking invaders in 875 AD. However, scientists have found that it is much older than that. According to their research, it was created between 1380 and 550 BC.

No one is sure why it was created. **3A** Some people believe it simply showed who owned the land. **3B** Others, however, think it represents an imaginary creature called a " solar horse ." Today, the White Horse is loved by the local people. **3C** They clear away plants and add new chalk. This keeps the White Horse bright and clear, so everyone can enjoy its beauty. **3D**

---

solar   related to the sun

PROGRESS TEST 2 | Questions 5-8 of 8

5. The word spans in paragraph 1 is closest in meaning to

   Ⓐ circles around
   Ⓑ reaches to
   Ⓒ begins at
   Ⓓ extends across

6. Which of the sentences below best expresses the essential information in the highlighted sentence in the passage? *Incorrect* answer choices change the meaning in important ways or leave out essential information.

   Ⓐ There is a walkway on one end of the bridge and shops on the other.
   Ⓑ There are shops along both sides of the bridge and a walkway on top of it.
   Ⓒ Walkways run along both ends of the bridge, but shops are only on one side.
   Ⓓ A walkway on top of shops on one side of the river leads to the bridge.

7. The word them in the passage refers to

   Ⓐ Nazi soldiers
   Ⓑ all the bridges in Florence
   Ⓒ British troops
   Ⓓ the views from the bridge

8. **Directions:** Complete the summary by selecting the THREE answer choices that express the most important ideas in the passage.

   ### The Ponte Vecchio is a bridge in Florence, Italy.

   -
   -
   -

   ### Answer Choices

   Ⓐ It features shops and an enclosed walkway.
   Ⓑ Its walkways were used by the Medici family.
   Ⓒ It was built in 1345 after the previous bridge was destroyed.
   Ⓓ It crosses the widest point of the Arno River.
   Ⓔ The butchers who used its shops were replaced by jewelers.
   Ⓕ Unlike other Florentine bridges, it was not destroyed during WWII.

The Ponte Vecchio

The Ponte Vecchio is a stone bridge in Florence, Italy, that spans the Arno River at its narrowest point. Four previous bridges were built in the same location. The last of these was destroyed in a flood in 1333, and the current bridge was built around 1345. Either side of the bridge is lined with shops, and it is topped with an enclosed walkway stretching from end to end. The shops were originally occupied by butchers, who were later replaced by jewelers. The walkway was built in 1565 for the wealthy Medici family.

During World War II, Nazi soldiers began destroying all the bridges in Florence to stop British troops from crossing the Arno River. The only bridge left standing was the Ponte Vecchio, and no one is sure why. According to one story, Adolph Hitler enjoyed the views from the bridge, so he ordered them to leave it alone.

Arno River   a river in central Italy flowing through Florence and Pisa

ACTIVATOR READING
for the TOEFL iBT®

ACTUAL TEST

ACTUAL TEST

1. What does the passage mainly discuss?

   Ⓐ Different types of planets in our solar system
   Ⓑ Two theories on how an exoplanet was formed
   Ⓒ The differences between Earth and Saturn
   Ⓓ The characteristics of a distant exoplanet

2. Why does the author mention space probes in paragraph 1?

   Ⓐ To show how exoplanets are measured
   Ⓑ To emphasize how far away WASP-39b is
   Ⓒ To give an example of an exoplanet
   Ⓓ To explain why scientists study WASP-39b

3. The word they in paragraph 1 refers to

   Ⓐ scientists
   Ⓑ light years
   Ⓒ space probes
   Ⓓ space telescopes

4. Which of the sentences below best expresses the essential information in the highlighted sentence in the passage? *Incorrect* answer choices change the meaning in important ways or leave out essential information.

   Ⓐ Due to its distance from the Sun, WASP-39b's star moves fast.
   Ⓑ WASP-39b is close to its star, so it can circle it in just four days.
   Ⓒ Saturn is closer to Earth than the Sun is to WASP-39b's star.
   Ⓓ It would take Earth about four days to circle WASP-39b's star.

WASP-39b

WASP-39b is an exoplanet, which means it is a planet outside of our solar system. Scientists wanted to learn more about it, but it is about 700 light years away. That is too far for even space probes to travel, so they had to use powerful space telescopes.

WASP-39b is about the same size as Saturn. Although its star is similar to the Sun, WASP-39b can complete an entire orbit around it in just four Earth days, due to the fact that they are so much closer together. Saturn, on the other hand, takes nearly 30 years to orbit the Sun. **5A** Unlike Saturn, WASP-39b has one side that always faces its star. **5B** Therefore, it is always daytime on one side of the planet. **5C** The average temperature on the daytime side is 777 °C. **5D**

Both Saturn and WASP-39b have water in their atmospheres, but WASP-39b's atmosphere contains far more. **9A** This means the two planets formed in different ways. **9B** Although Saturn formed near the Sun, scientists think WASP-39b developed far away from the star that it orbits. **9C** Then it slowly moved through space, where it was hit by objects containing ice. **9D** This added more water to its atmosphere. Eventually, it was seized by the star's powerful gravity. This may also explain why it is so close to its star.

light year	the distance that light travels in a vacuum in a year, about 9.5 trillion kilometers
gravity	the force that attracts objects towards one another

5. Look at the four squares [■] that indicate where the following sentence could be added to paragraph 2.

   This is much hotter than Saturn, where the average temperature is -178 °C.

   Where would the sentence best fit?

6. It can be inferred from paragraph 2 that

   (A) one day on WASP-39b lasts about 4 hours.
   (B) the Sun is much larger than WASP-39b's star.
   (C) it is always nighttime on one side of WASP-39b.
   (D) the water in WASP-39b's atmosphere is disappearing.

7. The word seized in paragraph 3 could best be replaced by

   (A) captured
   (B) generated
   (C) lifted
   (D) removed

8. All of the following are true EXCEPT that

   (A) Daytime temperatures on WASP-39b are more than 700 °C.
   (B) Earth and WASP-39b are about 700 light years apart.
   (C) Scientists studied WASP-39b with space telescopes.
   (D) Saturn has more water in its atmosphere than WASP-39b.

WASP-39b

WASP-39b is an exoplanet, which means it is a planet outside of our solar system. Scientists wanted to learn more about it, but it is about 700 light years away. That is too far for even space probes to travel, so they had to use powerful space telescopes.

WASP-39b is about the same size as Saturn. Although its star is similar to the Sun, WASP-39b can complete an entire orbit around it in just four Earth days, due to the fact that they are so much closer together. Saturn, on the other hand, takes nearly 30 years to orbit the Sun. 5A Unlike Saturn, WASP-39b has one side that always faces its star. 5B Therefore, it is always daytime on one side of the planet. 5C The average temperature on the daytime side is 777 °C. 5D

Both Saturn and WASP-39b have water in their atmospheres, but WASP-39b's atmosphere contains far more. 9A This means the two planets formed in different ways. 9B Although Saturn formed near the Sun, scientists think WASP-39b developed far away from the star that it orbits. 9C Then it slowly moved through space, where it was hit by objects containing ice. 9D This added more water to its atmosphere. Eventually, it was seized by the star's powerful gravity. This may also explain why it is so close to its star.

light year	the distance that light travels in a vacuum in a year, about 9.5 trillion kilometers
gravity	the force that attracts objects towards one another

9. Look at the four squares [■] that indicate where the following sentence could be added to paragraph 3.

In fact, there is three times as much.

Where would the sentence best fit?

10. **Directions:** Select the appropriate phrases from the answer choices and match them to the category to which they relate. TWO of the answer choices will NOT be used.

Drag your answer choices to the spaces where they belong.
To review the passage, click on **View Text**.

Answer Choices

Ⓐ Its size
Ⓑ The strength of its gravity
Ⓒ How it formed
Ⓓ The length of its orbit
Ⓔ Its average temperatures
Ⓕ Its star
Ⓖ The amount of water on its surface
Ⓗ The presences of water in its atmosphere

WASP-39b's similarities to Saturn
-
-
-

WASP-39b's differences from Saturn
-
-
-

WASP-39b

WASP-39b is an exoplanet, which means it is a planet outside of our solar system. Scientists wanted to learn more about it, but it is about 700 light years away. That is too far for even space probes to travel, so they had to use powerful space telescopes.

WASP-39b is about the same size as Saturn. Although its star is similar to the Sun, WASP-39b can complete an entire orbit around it in just four Earth days, due to the fact that they are so much closer together. Saturn, on the other hand, takes nearly 30 years to orbit the Sun. **5A** Unlike Saturn, WASP-39b has one side that always faces its star. **5B** Therefore, it is always daytime on one side of the planet. **5C** The average temperature on the daytime side is 777 °C. **5D**

Both Saturn and WASP-39b have water in their atmospheres, but WASP-39b's atmosphere contains far more. **9A** This means the two planets formed in different ways. **9B** Although Saturn formed near the Sun, scientists think WASP-39b developed far away from the star that it orbits. **9C** Then it slowly moved through space, where it was hit by objects containing ice. **9D** This added more water to its atmosphere. Eventually, it was seized by the star's powerful gravity. This may also explain why it is so close to its star.

light year	the distance that light travels in a vacuum in a year, about 9.5 trillion kilometers
gravity	the force that attracts objects towards one another

11. What is the main idea of the passage?

    Ⓐ The ancient Chinese used their wealth to build the Silk Road.
    Ⓑ The Silk Road was a dangerous route to travel on.
    Ⓒ Both goods and culture were exchanged on the Silk Road.
    Ⓓ The Silk Road helped the Chinese civilization develop.

12. The word connected in paragraph 1 is closest in meaning to

    Ⓐ directed
    Ⓑ stored
    Ⓒ linked
    Ⓓ agreed

13. The phrase a single name in paragraph 1 refers to

    Ⓐ China
    Ⓑ the Roman Empire
    Ⓒ Syria
    Ⓓ the Silk Road

14. It can be inferred from paragraph 2 that

    Ⓐ the Roman Empire traded with Asia using the Silk Road.
    Ⓑ the Taklamakan Desert was only dangerous at night.
    Ⓒ Chinese traders did not like using the Silk Road.
    Ⓓ the Chinese did not need gold, plants, medicine, or livestock.

The Silk Road

The Silk Road is the name of an ancient route used for trade. It was used as early as the 6th century BC and extended more than 8,000 kilometers. It went through China, Northern India, and the Roman Empire, as well as modern-day Iran, Iraq, and Syria. The Silk Road was actually a network of roads connected together, but traders called them by a single name.

The route was originally used by Chinese silk traders. As the Chinese began to give silk as a gift to Rome and other Asian kingdoms, the Silk Road grew. Many other goods, such as gold, plants, medicine, and livestock, were soon being transported on it. **A** The Silk Road was not easy to travel. **B** Traders had to pass through the Taklamakan Desert. **C** Another name for this desert was the Desert Without Return. **D**

The Silk Road helped many civilizations in China, Egypt, Mesopotamia, Persia, India, and Rome grow. Although the main reason why people from different places met on the Silk Road was to buy and sell goods, there was also a lot of cultural exchange. The Silk Road, for example, played an important role in the spread of Buddhism from India to China.

Taklamakan Desert   a desert in southwest Xingjiang Uygur Autonomous Region, China

15. In paragraph 2, why does the author give details about the goods that were traded?

   Ⓐ To suggest that it became harder to move goods
   Ⓑ To explain why other goods were more important
   Ⓒ To show how much trade on the Silk Road developed
   Ⓓ To point out that only the Chinese sold silk

16. Look at the four squares [■] that indicate where the following sentence could be added to the passage.

   This was because many travelers died while crossing it.

   Where would the sentence best fit?

17. The word goods in paragraph 2 could best be replaced by

   Ⓐ findings
   Ⓑ products
   Ⓒ conditions
   Ⓓ prizes

18. Which of the sentences below best expresses the essential information in the highlighted sentence in the passage? *Incorrect* choices change the meaning in important ways or leave out essential information.

   Ⓐ The Silk Road helped people trade goods and learn about other cultures.
   Ⓑ People from different countries sold things on the Silk Road.
   Ⓒ Different countries got together to build the Silk Road and transport goods on it later.
   Ⓓ There was no other reason for people to travel the Silk Road except to buy and sell goods.

The Silk Road

The Silk Road is the name of an ancient route used for trade. It was used as early as the 6th century BC and extended more than 8,000 kilometers. It went through China, Northern India, and the Roman Empire, as well as modern-day Iran, Iraq, and Syria. The Silk Road was actually a network of roads connected together, but traders called them by a single name.

The route was originally used by Chinese silk traders. As the Chinese began to give silk as a gift to Rome and other Asian kingdoms, the Silk Road grew. Many other goods, such as gold, plants, medicine, and livestock, were soon being transported on it. **A** The Silk Road was not easy to travel. **B** Traders had to pass through the Taklamakan Desert. **C** Another name for this desert was the Desert Without Return. **D**

The Silk Road helped many civilizations in China, Egypt, Mesopotamia, Persia, India, and Rome grow. Although the main reason why people from different places met on the Silk Road was to buy and sell goods, there was also a lot of cultural exchange. The Silk Road, for example, played an important role in the spread of Buddhism from India to China.

Taklamakan Desert　　a desert in southwest Xingjiang Uygur Autonomous Region, China

19. All of the following are results of trade on the Silk Road EXEPT

    Ⓐ the sharing of cultural beliefs
    Ⓑ an improvement in desert roads
    Ⓒ an increase in trade
    Ⓓ the growth of international relationships

20. **Directions:** An introductory sentence for a brief summary of the passage is provided below. Complete the summary by selecting the THREE answer choices that express the most important ideas in the passage. Some sentences do not belong in the summary because they express ideas that are not presented in the passage or are minor ideas in the passage.

    The Silk Road began in the 6th century BC and was about 8,000 km long.

    -
    -
    -

    ### Answer Choices

    Ⓐ The Silk Road connected countries in Asia.
    Ⓑ Trade on the Silk Road began with silk from China.
    Ⓒ A large number of Chinese traders passed through the Taklamakan Desert.
    Ⓓ The Silk Road became a way to share cultures.
    Ⓔ Relationship between countries increased trade on the Silk Road.
    Ⓕ People in the Middle East became Buddhists through the influence of the Chinese.

The Silk Road

The Silk Road is the name of an ancient route used for trade. It was used as early as the 6th century BC and extended more than 8,000 kilometers. It went through China, Northern India, and the Roman Empire, as well as modern-day Iran, Iraq, and Syria. The Silk Road was actually a network of roads connected together, but traders called them by a single name.

The route was originally used by Chinese silk traders. As the Chinese began to give silk as a gift to Rome and other Asian kingdoms, the Silk Road grew. Many other goods, such as gold, plants, medicine, and livestock, were soon being transported on it. **A** The Silk Road was not easy to travel. **B** Traders had to pass through the Taklamakan Desert. **C** Another name for this desert was the Desert Without Return. **D**

The Silk Road helped many civilizations in China, Egypt, Mesopotamia, Persia, India, and Rome grow. Although the main reason why people from different places met on the Silk Road was to buy and sell goods, there was also a lot of cultural exchange. The Silk Road, for example, played an important role in the spread of Buddhism from India to China.

Taklamakan Desert — a desert in southwest Xingjiang Uygur Autonomous Region, China

BEGINNING

ACTIVATOR READING for the TOEFL iBT®

TOEFL iBT® Codebreaker
Listening & Reading Series

TOEFL iBT®의 암호를 풀자!
세 단계로 구성된 TOEFL iBT® 예비 수험자들의 필수 전략서!

- TOEFL iBT® Listening과 Reading의 모든 문제유형을 step-by-step approach로 제시
- 충분하게 실력검증을 해 볼 수 있는 Vocabulary Test 및 Progress & Actual Test 제시
- 학습편의를 위한 지문 QR코드 및 무료 MP3 파일 제시(www.ybmbooksam.com)
- 다양한 학문분야 주제의 지문들로 광범위한 배경지식 소개
- 레벨별, 유닛별 심층적인 단계적 구성을 통한 학습난이도 조절
- 각 문제유형에 대한 풍부한 문제 수 및 core 전략 제시

TOEFL iBT® Codebreaker *Listening* (총 3권)

Basic / Intermediate / Advanced 본책(QR 코드 삽입) /
정답해설 / MP3 CD 및 무료 MP3 files
(www.ybmbooksam.com)

TOEFL iBT® Codebreaker *Reading* (총 3권)

Basic / Intermediate / Advanced 본책(QR 코드 삽입) /
정답해설 / 무료 MP3 files(www.ybmbooksam.com)

www.ybmbooksam.com (02) 2000-0515

BEGINNING

ACTIVATOR READING for the TOEFL iBT®

Answer Keys

NEW Edition

Activator Reading for the TOEFL iBT® is a test prep series in four levels designed to help test takers efficiently enhance their reading skills so that they can ultimately improve their preliminary score on the TOEFL iBT®.

BEGINNING

ACTIVATOR READING for the TOEFL iBT®

CHAPTER 01

Main idea

INTRODUCTION
글의 단락, 또는 지문에서 가장 중요한 핵심 내용이나 생각을 묻는 즉, 주제나 글의 요지를 묻는 문제입니다.

TYPICAL QUESTION TYPES

What is the main idea of the passage?
지문의 주제는 무엇인가?

What does the passage mainly discuss?
지문에서 주로 논하는 것은 무엇인가?

What is the main point of paragraph ____?
____ 단락의 주요 요지는 무엇인가?

STRATEGIES
- 처음에 지문을 훑어 보며 주로 눈에 들어오는 핵심어를 찾게 합니다.
- 대부분의 지문이 두괄식 전개 방식이므로 각 단락의 첫 번째 문장을 읽고 풀게 합니다.
- 단락이 하나 이상인 경우에는 우선 첫 문장을 읽고, 연관성이나 응집력이 떨어지는 경우에는 글의 후반부를 보고 풀게 합니다. 또한 공통 단어를 이용하게 합니다.
- 보기에서 너무 특정한 사실이거나 범위가 넓은 것은 오답 가능성이 높다는 것을 알려 줍니다. 또한 본문의 문장이 그대로 나오지 않는다는 점을 알려주고, 추론을 하지 않게 합니다.

SAMPLE p.15
정답 | (C) Check Up | robe, writing

인더스 유역 문명의 예술품

기원전 3300년부터 1300년까지 인더스 유역에 고대 문명이 자리하고 있었다. 과학자들은 그 예술품을 근거로 많은 것들을 알게 되었다. 예를 들어, 구멍이 나 있는 화려한 구슬들은 (인더스) 사람들이 장신구를 착용했다는 것을 보여주고, 한 작은 남자 석상은 그들의 모습을 보여준다. 그 남자에게는 짧은 수염이 있고, 한쪽 어깨를 가리는 가운을 입고 있다. 마지막으로, 많은 돌인장들이 그 유역에서 발견되었다. 그 위에 새겨진 글을 읽을 수 있는 사람은 아무도 없으나, 과학자들은 그것이 다른 문명과 교역을 하던 사람들에 의해 사용되었던 것이라고 생각한다. 이런 정보에도 불구하고, 이 고대인들에 대해 밝혀내야 할 것이 아직 많다.

지문의 주제는 무엇인가?
(A) 많은 유명한 예술가들이 인더스 유역에서 살아왔다.
(B) 인더스 유역 문명은 예술품들을 거래했다.
(C) 예술은 우리에게 인더스 유역 문명에 대해 가르쳐 준다.
(D) 인더스 유역의 사람들은 화려한 장신구를 착용했다.

❯ 장신구로 쓰였던 구슬이나 돌인장 같은 다양한 예술품들을 통해 인더스 유역 문명과 관련된 여러 사실들을 알게 되었다는 것을 설명하는 글이므로, (C)가 주제로 가장 적합하다.

STARTING UP pp.16-17
정답 | 1. (B) 2. (A) 3. (B) 4. (C) 5. (A)

각 지문의 주제에 동그라미 하세요.

1 영화 제작자인 George Lucas는 성공적인 경력을 누려왔다. 1971년에 첫 영화를 발표한 이래로 그는 많은 영화를 감독, 제작하고 각본을 써 왔다. 그러나 그는 두 개의 잊을 수 없는 영화 시리즈인 *스타워즈*와 *인디애나 존스*로 인해 늘 기억될 것이다. 그는 영화 *인디애나 존스* 시리즈를 Stephen Spielberg와 함께 만들었다. 이 영화들은 지금까지도 전 세계인의 사랑을 받고 있다.

(A) George Lucas는 Stephen Spielberg와 함께 작업했다.
(B) George Lucas는 매우 기억에 남을 영화들을 만들었다.

2 Joseph Conrad는 가장 사랑 받는 영어 작가들 중 한 명이다. 이것은 놀라운 일인데, 왜냐하면 그가 거의 스무 살이 될 때까지 영어를 배우지 않았기 때문이다. 그는 폴란드에서 태어나 열일곱 살에 선원이 되었다. 그는 영국 선박에서 일할 기회를 얻었고 영국 시민이 되었다. 그는 동남아시아와 아프리카를 항해했다. 그 후, 그는 이러한 경험들을 자신의 소설에 썼다.

(A) Joseph Conrad의 바다에서의 삶은 그의 글쓰기에 영감을 주었다.
(B) Joseph Conrad의 영어 실력은 그가 소설을 쓰는데 도움이 되었다.

3 Edward Hopper는 1882년 뉴욕시 근처에서 태어났다. 그의 꿈은 화가가 되는 것이었지만, 그의 작품에 관심을 기울이는 사람이 거의 없었다. 그래서 그는 광고 그리는 일을 해야만 했다. 이는 그에게 매우 힘든 시기였다. 마침내 1923년 한 미술관에서 Hopper의 그림 여섯 점을 전시해 주기로 했다. 사람들이 그 그림들을 좋아했고, Hopper의 삶이 바뀌었다. 오늘날 그는 위대한 현대 화가로 기억되고 있다.

(A) Edward Hopper의 광고 그림
(B) Edward Hopper의 성공을 향한 예술적 여정

4 (A) 사람들은 필름에 이미지를 포착하기 위해 카메라를 사용한다. 이 과정을 사진술이라고 한다. 과거에는, 이미지를 필름에 기록했다.
(B) 오늘날, 대부분의 사람들은 디지털 카메라를 사용한다. 과학자들은 움직임을 기록하고 연구하기 위해 사진술을 사용하고, 경찰은 자료를 보관하기 위해 사용하며, 예술가들은 사진술을 통해 아름다

움을 나타내려고 노력한다. 그것은 또한 즐겁던 시절과 중요한 행사들의 기억을 간직하기 위해 사용된다. (C) <u>사진술의 사용은 광범위하고 다양하다.</u>

5 (A) <u>기타는 현악기이다.</u> 기타는 어쿠스틱 기타와 전기 기타의 두 부류로 나눠 질 수 있다. 그것들은 다양한 크기, 색, 그리고 모양으로 나올 수 있다. 모든 기타의 한 가지 공통점은 다 줄이 있다는 것이다. (B) <u>기타는 두 손으로 연주된다.</u> 한 손은 줄을 뜯고, 다른 한 손은 소리를 조절하기 위해 줄을 잡는다. (C) <u>기타는 광범위한 소리를 낼 수 있다.</u>

VOCABULARY   pp.18-19

정답 |

● **Write the meaning of each word in Korean.**
선진의, 발달된 / 이 나라의 컴퓨터 기술은 발달되었다.
고대의 / 고대 사람들은 많은 신들을 믿었다.
정확하게 / 그 새 그래픽 프로그램은 지도를 정확하게 만든다.
조각가 / 그 조각가는 점토를 가지고 작업하는 것을 좋아했다.
재료, 소재 / 그 다리를 건설하는데 어떤 재료가 사용되었는가?
(집안) 일 / Paul의 집안 일에는 마루 쓸기가 포함되어 있었다.
버릇없는 / 그 버릇없는 소년은 그 고양이의 꼬리를 잡아 당겼다.
범죄 / 경찰은 그 범죄를 해결하려고 노력하고 있다.
인상적인 / 그 발레 공연은 인상적이었다.
잔인한 / 어떤 아이들은 그들의 애완동물에게 잔인할 수 있다.

● **Match the words with their synonyms.**
1-f   2-d   3-a   4-e   5-c   6-b

● **Complete the sentences with the words below.**
1. sculptor   2. crime   3. chores
4. ancient   5. accurately

1 그 조각가는 강가에 인어 조각상을 만들었다.
2 그 범죄 현장에서 칼이 발견되었다.
3 Ray는 집안 일을 끝내고 쇼핑을 갈 것이다.
4 사람들은 고래로 이 유역에서 살아왔다.
5 그 소설에 마드리드에서의 삶이 아주 정확하게 묘사되어 있었다.

BUILDING UP ❶   pp.20-21

정답 | (B)   / p.20

Fill in the blanks to complete the sentences.
1. advanced   2. humans   3. hieroglyphs

이집트 예술
5천 년 전, 이집트 예술은 알려진 것 중 가장 발달된 예술이었다. 고대 이집트인들은 많은 훌륭한 예술 작품을 만들었다. 이집트 예술은 회화, 조각, 도자기, 그리고 독특한 건물들을 포함했다. 이 이집트 예술가들은 사람들과 세계, 그리고 그들의 정신적 믿음을 정확히 보여주는 예술품을 만들려고 노력했다. 그 예술가들은 아주 숙련되어 스핑크스나 피라미드 같은 이집트 예술의 많은 예들이 오늘날에도 여전히 존재한다. 그들은 상형문자라고 불리는 그림과 부호들을 가지고 글을 쓰기까지 했다.

지문의 주요 요지는 무엇인가?
(A) 이집트인들은 한 종류의 예술에만 숙련되어 있었다.
(B) 이집트 예술은 매우 아름답고 독특했다.
(C) 이집트인들은 그들의 부호를 나타내려고 예술을 사용했다.
(D) 이집트 예술은 다른 문화의 예술과 동일했다.

▶ 전반적으로 이집트 예술의 미와 특징을 설명하고 있는 글이므로, (B)가 주요 요지로 적합하다.

정답 | (C)   / p.21

Fill in the blanks to complete the sentences.
1. material   2. sculptures   3. emotions

Donatello
Donatello는 15세기 이탈리아 예술가였다. 그 당시 많은 예술가들이 화가였지만, Donatello는 재능 있는 조각가였다. 그는 금속, 돌, 나무, 밀랍과 점토를 포함한 거의 모든 재료를 이용해 조각품들을 만들 수 있었다. 그의 조각품들은 실물과 똑같은 것으로 유명하다. 그의 조각품에 있는 사람들은 자연스러운 자세로 서 있거나 앉아있다. 그들의 얼굴도 사실적이다. 여러분은 그들이 느끼는 감정을 명확하게 알 수 있다. 오늘날 Donatello는 Michelangelo 다음으로 가장 위대한 조각가로 여겨진다.

지문에서 주로 논하는 것은 무엇인가?
(A) Donatello가 조각품 제작에 사용한 재료
(B) 가장 유명한 Donatello의 예술 작품
(C) Donatello가 만든 조각품의 특징
(D) Donatello와 Michelangelo의 우정

▶ 글에서 사실성이 돋보이는 Donatello의 조각품의 특징에 대해 주로 이야기하고 있으므로, (C)가 정답이다.

BUILDING UP ❷   pp.22-23

정답 | 1. (B)   2. (D)   / p.22

Write the answer.
He is guided by his bravery and curiosity.

Tom Sawyer의 모험
Tom Sawyer는 Mark Twain의 유명한 책에 등장하는 인물이다.

Tom은 모든 소년들이 즐겨 하는 것들을 즐기는 어린 소년이다. 그 책에서, 우리는 그가 친구인 Huckleberry Finn과 재미있게 노는 것을 좋아하고, 집안 일을 하거나 학교에 가는 것을 싫어한다는 것을 알 수 있다.

Tom은 개구쟁이지만 마음은 착하다. 그는 숙모와 사촌과 함께 산다. 숙모는 Tom이 아주 장난꾸러기라 걱정한다. Tom은 일련의 모험을 하면서 동굴을 탐험하고, 범죄를 해결하고, 친구인 Becky를 구하고, 감춰진 보물을 찾는다. 그가 모든 모험을 하는 동안 내내, Tom은 용기와 호기심에 이끌린다.

1 1단락의 주제는 무엇인가?
(A) Tom Sawyer는 유명한 책이다.
(B) Tom Sawyer는 매우 현실적인 성격의 유명한 등장인물이다.
(C) Tom Sawyer는 그를 도와주는 많은 친구들이 있다.
(D) Tom Sawyer는 Huckleberry Finn과 함께 학교에 다닌다.

❷ Tom Sawyer는 Mark Twain 책에 나오는 인물이며, 다른 소년들이 즐겨 하는 다양한 것들을 즐긴다고 설명했으므로, Tom이 현실적인 인물임을 알 수 있다.

2 2단락의 주요 요지는 무엇인가?
(A) Tom의 숙모가 그를 믿지 않기 때문에 Tom이 개구쟁이가 된다.
(B) Tom의 친구들은 그가 모험을 할 때 여러 번 그를 돕는다.
(C) Tom의 숙모는 Tom의 친구들과 함께 많은 모험을 한다.
(D) Tom은 가끔 문제를 일으키기도 하지만, 착한 소년이다.

❷ Tom은 장난꾸러기지만 많은 모험을 하면서 용기와 호기심에 이끌려 착한 일을 한다는 내용이 주요 요지이다.

정답 | 1. (D)   2. (B)   / p.23

Write the answer.
They support the first violins by playing the harmony.

제1 바이올린

오케스트라에는 많은 악기들이 있다. 가장 인상적인 악기들 중 하나는 바이올린이다. 바이올린은 많은 다양한 소리를 내며 듣는 사람이 기쁨이나 슬픔을 느끼게 할 수 있다. 한 오케스트라의 약 4분의 1이 바이올린으로 이루어져 있다. 이 바이올린들은 두 그룹으로 나뉜다. 제2 바이올린은 화음을 연주함으로써 제1 바이올린을 받쳐준다.

반면에 제1 바이올린은 멜로디를 연주하는데, 이것이 좀더 복잡하다. 그들은 또한 독주도 한다. 제1 바이올린의 수석 연주자는 악장이라고 부른다. 제1 바이올린 구역에서 악장은 지휘자와 가장 가까운 곳에 앉는다. 사실 악장은 다른 제1 바이올린에게 지휘자와 같은 역할을 한다. 다음 번에 클래식 음악 연주회에 가게 되면, 제1 바이올린을 찾아 보아라.

1 1단락의 주제는 무엇인가?
(A) 바이올린이 클래식 음악에만 사용되는 것은 아니다.
(B) 오케스트라에는 여러 가지 종류가 있다.
(C) 음악은 슬픈 사람을 더 행복하게 만들 수 있다.
(D) 바이올린은 오케스트라에서 중요한 역할을 한다.

❷ 1단락에서는 오케스트라의 주요 부분을 차지하는 바이올린이 청중의 감정을 변화시킬 만큼 중요한 역할을 한다고 설명하고 있다.

2 2단락에서 주로 논하는 것은 무엇인가?
(A) 지휘자의 두 가지 역할
(B) 제1 바이올린이 맡은 일
(C) 멜로디 연주의 어려움
(D) 바이올린 연주자가 악장이 되는 방법

❷ 2단락에서는 좀 더 복잡한 멜로디 연주뿐 아니라 독주도 하는 제1 바이올린의 역할 및 지휘자와 비슷한 역할을 하는 제1 바이올린의 수석 연주자에 대해 중점적으로 이야기하고 있다.

CHALLENGE TOEFL iBT®   pp. 24-25

정답 | 1. (D)   2. (B)   3. (C)   4. (D)

Herbert von Karajan

Herbert von Karajan(헤르베르트 폰 카라얀)은 1908년 오스트리아에서 태어났다. 어릴 때 그는 재능 있는 피아노 연주자였다. 유명한 음악 학교에서 수학한 후, 그는 지휘에 주력하기 시작했다. 1933년에 그는 첫 음악회를 지휘했고 곧 독일로 거주지를 옮겼는데, 그곳에서 유럽의 가장 위대한 지휘자들 중 하나가 되었다.

그는 제2차 세계대전 동안 독일을 떠났지만 이후에 다시 돌아왔다. 1956년에 그는 베를린 필하모닉 관현악단의 '종신 지휘자'로 임명되었다. 그는 또한 비엔나 필하모닉 관현악단과도 계속 긴밀한 관계를 이어갔다. 이 시기 동안, Karajan이 지휘하는 오케스트라의 공연이 자주 녹음되었다. 그는 약 2억만 장의 앨범을 판매한 것으로 추정되는데, 이것은 어떤 다른 클래식 음악 레코딩 아티스트보다 많은 것이다.

어떤 음악가들은 Karajan이 지나치게 엄격하고, 결코 만족해 하는 적이 없다고 불평했다. 그는 또한 무자비했을 수도 있다. 하지만 그는 오케스트라가 아름다운 연주를 하게 만드는 특별한 재주를 가지고 있었다. 1989년에 그가 세상을 떠난 후, 그의 이름을 딴 음악상과 축제가 생겼다.

conduct 지휘하다

1 지문의 주제는 무엇인가?
(A) Karajan은 자신의 공연을 녹음한 최초의 지휘자였다.
(B) 두 개의 다른 교향악단이 Karajan에 의해 창설되었다.
(C) 독일을 떠난 후 Karajan은 그의 음악 스타일을 바꿨다.
(D) Karajan은 완벽한 사람은 아니었지만, 훌륭한 지휘자였다.

◉ Karajan의 일생을 설명하면서, 몇 가지 단점도 있었지만 음악적으로 여러 가지 뛰어난 업적을 남긴 훌륭한 지휘자였다고 말하고 있다.

2 2단락에서 주로 논하는 것은 무엇인가?
(A) Karajan이 독일을 떠난 이유
(B) 제2차 세계대전 이후 Karajan의 업적
(C) Karajan의 가장 유명한 음반 녹음들
(D) 제2차 세계대전 동안 Karajan이 겪은 일들

◉ 제2차 세계대전 이후 세계적인 관현악단을 이끌면서 공연 녹음에도 관심을 보여 역대 최고의 음반이 판매된 Karajan의 다양한 업적들에 대해 이야기하고 있다.

3 Karajan이 지휘자가 되기 전에 가지고 있던 재능은 무엇인가?
(A) 음반 녹음
(B) 음악 교습
(C) 피아노 연주
(D) 노래 작곡

◉ 1단락에서 Karajan이 어릴 때 재능 있는 피아노 연주자였지만, 음악 학교 공부를 마친 후 지휘에 주력하기 시작했다고 했다.

4 일부 음악가들이 Karajan에 대해 싫어했던 점은 무엇인가?
(A) 그의 오스트리아 국적
(B) 그와 다른 지휘자들과의 관계
(C) 그의 음악적 취향
(D) 그의 강한 성격

◉ 3단락 도입 부분에서 지나치게 엄격하고 때로 무자비한 면을 보이기조차 했던 Karajan의 성격 때문에 일부 음악가들이 불만을 나타냈다고 했다.

● COLLOCATION / p.26

정답 1. have fun with ~와 재미있게 놀다
2. a wide range of 광범위한
3. famous for ~로 유명한
4. come in 나타나다, 되다
5. made up of ~로 이루어진
6. do chores 집안 일을 하다
7. works of art 예술 작품들
8. have in common 공통점을 가지다
9. focus on ~에 주력하다

CHAPTER 02

Vocabulary

INTRODUCTION
- Vocabulary 문제는 지문에 음영 처리된 단어나 구의 의미와 가장 가까운 뜻을 가진 어휘를 고르는 문제입니다.
- 어휘력은 독해 실력을 향상시키는 가장 중요한 능력이며, 뛰어난 어휘력을 통해 실제 문제 풀이 시간을 단축할 수 있습니다.

TYPICAL QUESTION TYPES

The word ▒▒▒ in the passage is closest in meaning to
지문에서 단어 ▒▒▒와 의미가 가장 가까운 것은

The phrase ▒▒▒ in paragraph ____ could best be replaced by
____ 단락에서 구 ▒▒▒를 대신하기에 가장 적합한 것은

STRATEGIES

- 음영 표시된 단어나 구를 찾고, 지문을 자세히 읽으며 그 단어나 구의 의미가 무엇일지 파악하게 합니다.

  정의적 단서: 가끔 타자가 공을 강타하는 것이 선수들을 다치게 한다. 심한 부상이 선수생활을 영영 끝내게 할 수 있다. ('부상'은 신체적 해나 손상을 나타내므로, '다치게 하다'가 단서가 됩니다.)

  동의어나 반의어 단서: 과학자들은 유용한 장치들을 발명했다. 현대 생활은 이들 기계들로 인해 점점 편리해졌다. ('기계'는 '장치'와 동의어이므로, '기계들'이 단서가 됩니다. 보기 중 동의어가 하나만 있으면 답일 가능성이 높다는 것을 알려 줍니다. 동의어가 여러 개 있을 경우 문맥의 뜻을 잘 파악한 다음 관련된 뜻을 찾아 풀게 합니다.)

  문맥상 단서: 그 채들은 북을 두드리기 위해 사용된다. (stick은 여러 의미가 있는데, 동사로 '붙이다'나 명사로 '길고 가는 나무조각' 등 입니다. 이 문장에서 stick은 '붙이다'가 아닌 '막대'라는 단어로 대체할 수 있습니다.)

- 지문에 음영 처리된 어휘의 뜻을 모를 경우, 전·후 문장을 두세 개 읽어 뜻을 유추하거나, 다른 문제와 보기들을 통해 힌트를 얻을 수 있음을 알려 줍니다. 또, 문제로 나온 어휘의 뜻은 알지만, 보기의 단어나 구의 의미를 모를 경우, 형태나 발음이 비슷한 것을 빼고 친숙한 단어를 고르게 합니다.

SAMPLE			p.29

정답 1. (B)   2. (D)   **Check Up** (B)

아메리카 발견

　많은 사람들이 Christopher Columbus가 1492년에 아메리카를 발견했다고 믿는다. 그러나 그가 실제로 아메리카를 '발견'한 첫 번째 사람은 아니다. 아메리카 원주민들이 아메리카를 발견한 최초의 사람들이다. 그들은 아시아에서 아메리카로 이어진 육로를 걸어왔다. 그 후, 서기 990년경 바이킹 족이 그린란드에 있는 그들의 식민지에서 출발해 항해하다 아메리카를 발견했다. 또한 어떤 역사가들은 중국인들이 1421년에 선박 여행을 하다 아메리카를 발견했다고 믿는다.

colony 식민지

1　지문에서 단어 discovered 를 대신하기에 가장 적합한 것은
　(A) 조사했다
　(B) 발견했다
　(C) 개발했다
　(D) 선택했다

　❯ discovered는 '~을 발견했다, 알아냈다'라는 뜻이므로, find의 과거형 (B) found가 답이다.

2　지문에서 단어 voyages 와 의미가 가장 가까운 것은
　(A) 노로 젓는 배들
　(B) 성들
　(C) 풍선들
　(D) 여행들

　❯ voyages는 주로 배를 타고 다니는 여행을 말하는데, 예전에는 단순히 여행을 표현할 때 쓰였다. 따라서 의미가 가장 가까운 (D) travels가 답이 된다.

STARTING UP　　　　pp.30-31

정답 | 1. (B)　2. (A)　3. (C)　　　　　　　　/ p.30

음영 처리된 단어와 의미가 가장 비슷한 것에 동그라미 하세요.

1　Sally Ride는 프로 테니스 선수가 되고 싶었던 평범한 고등학생이었다. 그녀는 열심히 연습해서 미국의 최고 청소년 테니스 선수들 중 한 명이 되었다. 하지만 졸업 후, 그녀는 그녀의 인생을 바꾼 선택을 했다. 그녀는 대학에 가서 물리학을 전공하기로 결정했다. 1978년 그녀는 나사(미국항공우주국)에 채용되었다. 5년 후, 그녀는 우주를 여행한 최초의 미국 여성이 되었다.

　(A) 파괴했다　　(B) 바꿨다　　(C) 닮았다

2　David Livingstone 박사는 스코틀랜드 의사로, 1852년부터 1864년까지 아프리카를 널리 여행한 선교사였다. 그 당시 아프리카를 여행하는 것은 매우 위험하고 어려웠다. Livingstone 박사는 최초로 아프리카 대륙을 횡단한 유럽인들 중 한 명이었다. 아마도 그는 아프리카에서 가장 큰 폭포인 빅토리아 폭포를 발견하고, 이름을 지은 것으로 가장 유명할 것이다.

　(A) 광범위하게　　(B) 대부분　　(C) 극도로

3　뉴욕시의 역사는 흥미롭다. 아메리카 원주민들이 처음 그곳에 살았었다. 1613년에 네덜란드 이주민들이 그 땅을 차지했고 그곳을 뉴암스테르담이라고 불렀다. 1664년에 영국이 남아프리카에 있는 수리남이라는 식민지와 뉴암스테르담을 맞바꾸었다. 영국은 그 도시를 뉴욕이라고 다시 명명했다. 그러나 뉴욕은 1788년에 영국으로부터 분리되어 미국의 열한 번째 주가 되었다.

　(A) 쓸었다　　(B) 이겼다　　(C) 교환했다

정답 | 1. (C)　2. (B)　　　　　　　　　　　　/ p.31

주어진 정의와 같은 의미를 가진 단어에 동그라미 하세요.

1　많은 사람들이 살 수 있도록 가격이 낮은

　자동차는 우리의 (A)현대 생활양식에 중요한 부분이 되었다. 최초의 자동차는 1678년에 만들어졌고, 그것은 가솔린 대신 (B)증기를 사용했다. 브레이크나 가솔린 엔진 같은 새로운 기술은 1800년대에 유럽에서 개발되었다. 미국인 자동차 제조업자 Henry Ford가 더 저렴하게 자동차를 만드는 방법, 즉 '조립 라인'이라는 방법을 발견한 후, 자동차는 보통 사람들이 소유할 수 있을 정도로 (C)감당할 수 있는 가격이 되었다.

2　동그라미나 물결 모양으로 어떤 것을 얽히게 감다

　'파마'라고 알려진 머리 모양은 길고 재미있는 역사를 가지고 있다. 고대 이집트인들이 파마를 (A)발명했다. 그들은 막대기에 머리카락을 (B)휘어 감고, 뜨거운 진흙을 일종의 헤어젤로 사용했다. Karl Nessler란 이름의 독일인 미용사가 1901년에 최초의 근대 파마를 했다. 그는 머리카락을 곱슬곱슬하게 말기 위해 (C)화학 약품을 사용했다. 1차 세계대전 이후, Nessler는 미국으로 건너가 미용실을 열었다.

VOCABULARY　　　　pp.32-33

정답 |

● **Write the meaning of each word in Korean.**
퍼뜨리다 / Andy는 그 소문을 그 읍 전체에 퍼뜨렸다.
제국 / 신성 로마 제국은 1806년에 멸망했다.
지속되다 / 그 배터리는 오랫동안 지속되었다.
용어 / '포유류'는 이런 동물들을 지칭하는 일반적 용어이다.
서술하다 / 그 학생은 그 그림을 자세히 서술했다.
고통 받다 / Sue는 2년 동안 암으로 고통 받았다.
부활, 회복 / 최근 고대 음악이 부활했다.
체포하다 / 경찰은 가게에서 물건을 훔친 혐의로 그 여자를 체포했다.

유죄의 / 그 남자는 속도위반 판결을 받았다.
즉시 / 그 관광객들은 그 기차를 타려고 즉시 떠났다.

- **Match the definitions with the words.**
  1-d 2-f 3-c 4-b 5-a 6-e

- **Complete the sentences with the words below.**
  1. suffer   2. describe   3. guilty
  4. revival   5. term

  1 세계 도처에 일부 사람들은 기아로 고통 받고 있다.
  2 그 사람을 자세히 묘사해 주겠니?
  3 그 판사는 그 죄인들을 감옥으로 보냈다.
  4 민속음악은 부활을 누려오고 있다.
  5 '신장염'은 의학계에서 사용되는 전문 용어이다.

BUILDING UP 1 pp.34-35

정답 | 1. (B)   2. (C)   / p.34

Fill in the blanks to complete the sentences.
1. symbols   2. pictures

알파벳의 역사

알파벳은 소리를 나타내는데 사용되는 부호 체계이다. 알파벳의 역사는 수천 년 전 고대 이집트에서 시작되었다. 고대 이집트인들이 알파벳을 처음으로 발명했으나, 그것은 글자 대신 그림으로 되어 있었다. 유럽 언어들에 사용된 문자들은 이집트 알파벳 이후 약 500년 후인 고대 그리스에서 유래했다. 대부분의 유럽 언어들에서 알파벳은 A, B, C로 시작한다.

1 지문에서 구 be traced back to 와 의미가 가장 가까운 것은
   (A) 함께 가다
   (B) ~에서 오다
   (C) ~로 넘어가다
   (D) ~을 쫓아가다

   ● be traced back to는 '~의 기원이 …까지 거슬러 올라가다, ~에서 유래하다'를 의미하므로, '~에서 오다'라는 (B) come from이 답이 된다.

2 지문에서 단어 most 를 대신하기에 가장 적합한 것은
   (A) 많은 양의
   (B) 매우
   (C) 대다수의
   (D) 최고의

   ● most는 '대부분의'라는 뜻으로 (C) the majority of가 의미상 가장 비슷하다.

정답 | 1. (B)   2. (C)   / p.35

Fill in the blanks to complete the sentences.
1. European   2. The Romans

고대 그리스

고대 그리스는 모든 유럽 문화의 뿌리로 여겨진다. 그리스 문화는 로마인들에게 영향을 주었고, 로마인들은 그리스 사상을 그들의 제국 전체에 퍼뜨렸다. 고대 그리스 문화는 거의 모든 방면에서 다른 문화에 영향을 주었다. 특히 정치, 철학, 과학 그리고 예술에 영향력이 있었다.

고대 그리스는 또한 우리가 알고 있듯 극장과 올림픽 대회까지 창안해 냈다. 고대 그리스 문화의 전성기는 약 1,000년 동안 지속되었다. 수세기 후에 유럽의 예술가, 과학자, 철학자들은 고대 그리스를 연구했고, 르네상스의 걸작들을 창조하는데 영감을 받았다.

1 지문에서 단어 influenced 를 대신하기에 가장 적합한 것은
   (A) 계약했다
   (B) 영향을 미쳤다
   (C) 손해를 입었다
   (D) 창조했다

   ● influenced의 뜻은 '~에 영향을 주었다'이므로, (B) affected가 대신 사용할 수 있는 말이다.

2 지문에서 단어 masterpieces 와 의미가 가장 가까운 것은
   (A) 일시적 추세
   (B) 예술적 스타일들
   (C) 훌륭한 작품들
   (D) 좋은 반응들

   ● masterpieces는 작가가 심혈을 기울여 만든 '걸작들'이라는 의미이므로, (C)가 답이 된다.

BUILDING UP 2 pp.36-37

정답 | 1. (C)   2. (B)   / p.36

Write the answer.
They suffered from diseases and lost their land to European settlers.

아메리카 원주민들

'아메리카 원주민들'은 유럽인들이 정복하기 전에 북아메리카와 남아메리카에 살았던 사람들을 가리키는데 사용된 용어이다. 아메리카 원주민들은 약 16,000년 전 아시아에서 육로로 아메리카에 왔다고 여겨진다.

어떤 사람들은 아메리카 원주민들을 하나의 종족이나 문화로

오해한다. 사실 서로 다른 풍습과 언어들이 많이 있다. 각 그룹은 그 자체의 독특한 풍습, 신앙, 언어를 가지고 있다.

유럽인들이 아메리카로 온 이후, 많은 아메리카 원주민들은 질병들로 고통 받았고, 유럽 이주자들에게 땅을 잃었다. 최근, 많은 젊은 아메리카 원주민들이 그들의 기원에 대해 좀더 배우는데 관심을 가지게 되면서, 아메리카 원주민 문화가 부활했다.

1 1단락에서 단어 conquests 와 의미가 가장 가까운 것은
(A) 관심
(B) 도움
(C) 승리
(D) 전투

❍ conquests는 명사로 '(다른 나라나 민족에 대한) 정복'이라는 뜻이므로, '승리'라는 뜻의 (C) victories가 답이다.

2 2단락에서 단어 distinct 를 대신하기에 가장 적합한 것은
(A) 비슷한
(B) 독특한
(C) 관계 없는
(D) 우월한

❍ distinct는 '독특한'의 뜻으로, 같은 뜻을 가진 (B) unique가 답으로 적합하다.

정답 | 1. (C) 2. (D) / p.37

Write the answer.
He thought a witch was causing it.

세일럼 마녀재판

1692년 매사추세츠 주 세일럼에서 두 어린 소녀들이 기이한 일들을 하기 시작했다. 그들은 비명을 지르고, 몸을 뒤틀고, 물건들을 집어 던졌다. 마을 의사는 그들의 행동을 보고 마녀가 그런 행동을 일으키고 있다고 생각했다. 그 소녀들은 그 지역 여성 세 명, 즉 노예 한 명과 평판이 나빴던 이웃 두 명을 마녀로 지목했다. 그 세 사람은 모두 체포되었다. 재판이 열렸고, 재판관들은 그들이 유죄라고 판결했다.

그 다음 한해 동안, 점점 더 많은 사람들이 마녀로 기소되었고, 200명 이상의 사람들이 체포되었다. 그들에게 불리한 명백한 증거는 없었지만, 끔찍한 상황은 계속되었다. 결국, 20명이 목숨을 잃었고, 그 외 몇 명이 감옥에서 사망했다. 이 재판이 종결된 후, 그런 일이 절대 다시 일어나지 않도록 몇몇 법이 개정되었다.

1 1단락에서 단어 bizarre 를 대신하기에 가장 적합한 것은
(A) 소용없는
(B) 놀라운
(C) 이상한
(D) 재미있는

❍ '기이한, 특이한'의 뜻을 갖고 있는 bizarre 대신 '이상한'을 뜻하는 strange를 쓸 수 있다.

2 2단락에서 단어 accused 와 의미가 가장 가까운 것은
(A) 도움 받은
(B) 모방된
(C) 치유된
(D) 힐난 받은

❍ 'accused'는 '고발된, 비난 받은'이라는 의미를 가지고 있으므로, (D) blamed가 답이다.

CHALLENGE TOEFL iBT® pp. 38-39

정답 | 1. (B) 2. (C) 3. (D) 4. (B)

도미노 이론

제2차 세계대전이 1945년에 종전된 후 바로 냉전이 시작되었다. 한편에는 소련과 몇몇 공산주의 국가들이 있었고, 다른 한편에는 미국과 몇몇 민주주의 국가들이 있었다.

소련과 미국은 직접 싸운 적은 한 번도 없지만, 많은 곳에서 간접적으로 싸웠다. 이것은 부분적으로 미국의 한 정책 때문이었다. 그 정책은 '도미노 이론'이라는 발상에 근거한 것이었다. 도미노 패들이 일렬로 늘어서 있는 것을 상상해 보라. 한 개의 패가 쓰러지면, 다른 패들도 다 쓰러질 것이다.

미국은 이런 일이 나라들에도 일어날 수 있다고 믿었다. 다시 말해, 한 나라가 공산주의 국가가 되면, 그 전체 지역이 공산주의가 되리라는 것이다. 이런 이유 때문에 미국이 베트남전을 치른 것이다. 그러나 도미노 이론은 맞지 않는 것으로 판명되었다. 베트남은 공산주의 국가가 되었지만, 동남아시아 전체에 공산주의가 퍼지지는 않았다. 이는 국가들이 단순한 도미노 패들처럼 반응하지는 않는다는 것을 보여주었다.

policy 정책   **theory** 이론

1 지문의 주제는 무엇인가?
(A) 미국은 공산주의를 막는 것을 돕기 위해 현명한 정책을 사용했다.
(B) 미국은 부정확한 이론 때문에 전쟁을 치렀다.
(C) 미국은 베트남에서 도미노 이론을 차용했다.
(D) 미국은 도미도 게임에서 소련에 패했다.

❍ 미국이 한 나라가 공산주의 국가가 되면 그 나라가 속한 지역 전체에 그 영향이 미칠 거라는 이론에 근거해 베트남 전을 치렀지만, 결국 그 이론은 맞지 않는 것으로 판명되었다고 설명하는 글이다.

2 1단락에서 단어 commenced 를 대신하기에 가장 적합한 것은
(A) 개선했다
(B) 통제했다
(C) 시작했다
(D) 계속했다

● commenced는 '시작했다'라는 뜻으로 사용되었으므로, 같은 뜻을 가진 (C) began이 답이다.

3 도미노 이론에서 넘어진 도미노 패 한 개가 나타내는 것은 무엇인가?
(A) 전투에서 전사한 병사
(B) 소련이 저지른 실수
(C) 전쟁에서 승리하는데 도움이 된 정책
(D) 공산국가가 된 나라

● 2단락 끝과 3단락 처음 부분에서 도미노 이론에 대해 설명하면서, 도미노 패를 공산주의 국가가 된 한 나라에 대입했다.

4 2단락에서 단어 tumble 과 의미가 가장 가까운 것은
(A) 더 커지다
(B) 넘어지다
(C) 가만히 있다
(D) 돌아다니다

● '쓰러진다'는 뜻을 나타내는 is knocked over와 tumble이 같은 문장에서 사용되었다. 그러므로 '넘어지다'라는 의미의 (B) fall down이 의미상 가장 비슷하다.

● More to Know

Dominoes 도미노 패

'도미노'라는 말은 원래 '법의'를 의미하는데, 이것은 도미노 게임에서 사용하는 골패의 뒷면이 고대 사제가 입었던 두건 달린 방한용 법의를 연상케 하는 데서 나왔다고 한다. 옛날부터 중국에서 했던 골패 놀이가 도미노 게임과 유사했으나, 서양식 도미노 게임의 유래는 18세기 이탈리아의 주사위 놀이에서 비롯되었다고 한다. 도미노 패는 보통 앞면이 뼈나 상아로 되어 있고, 뒷면은 검은색 나무로 되어 있다. 원칙적으로 6개의 눈을 최고로 하는 28개의 골패를 1조로 사용하는 것이 원칙이며, 게임의 종류도 다양하다.

● COLLOCATION / p.40

정답 | 1. interested in ~에 관심 있는
2. knocked over 쓰러진
3. lasted for ~동안 지속되었다
4. a kind of 일종의
5. accused of ~로 기소된
6. based on ~에 근거한
7. broke away 이탈했다, 분리했다
8. major in ~을 전공하다
9. instead of ~ 대신

CHAPTER 03

Reference

INTRODUCTION
주어진 특정 대명사나 다른 지시어가 가리키는 대상이 무엇인지 지문에서 찾는 문제입니다.

TYPICAL QUESTION TYPES

The word ▨▨▨ in the passage refers to
지문에서 단어 ▨▨▨가 가리키는 것은

The word ▨▨▨ in paragraph _____ refers to
_____ 단락에서 단어 ▨▨▨가 가리키는 것은

STRATEGIES

• 대부분의 글에서는 단어의 반복을 피해 대명사와 한정사 등의 지시어를 사용하여 글을 간결하게 합니다. 따라서 이런 지시어의 뜻과 쓰임새를 글 속에서 찾아 문맥을 이해하게 합니다.

• 먼저 문제의 지시어가 있는 해당 문장을 찾게 합니다. 지시 대상은 거의 지시어 보다 앞에 나온 다는 것을 알려 줍니다.

• 해당 지시 대상은 지시어의 수와 성이 일치하므로, 이를 주의 깊게 보게 합니다.

• 질문의 각 보기를 지시어 대신 넣어 해석해 보게 합니다. 이때 알맞게 해석되는 보기가 답일 가능성이 높다는 것을 알려 줍니다.

• 가리키는 지시어가 (주어)이면 지시 대상도 (주어) 자리에 있을 가능성이 높다는 것도 알려 줍니다.

SAMPLE	p.43
정답	(C) Check Up him

Winston Churchill

Winston Churchill은 1940년 영국의 수상이 되었다. 제2차 세계대전이 막 시작된 때여서 영국인들은 불안해하고 있었다. 다른 정치인들은 영국이 전쟁에 개입되지 말아야 한다고 생각했다. 그들은 나치의 침략을 우려했지만, Churchill은 그들을 패배시킬 수 있다고 믿었다. 그는 강력한 연설들을 했고 국가(영국)가 참전하도록 격려했다.

나치들은 영국을 폭격했으나 침략은 절대 하지 않았다. 미국이 참전했을 때, 사람들은 Churchill이 옳았다는 것을 알았다. 전쟁 이후 1951년에 그는 수상에 재선되었다. 오늘날 사람들은 Churchill을 위대한 지도자로 기억한다.

1단락에서 단어 they 기 가리키는 것은
(A) 영국인들
(B) 다른 정치인들
(C) 나치들
(D) 강력한 연설들

◉ 대명사는 보통 앞에 나온 명사를 가리킨다. they는 복수 명사 대신 사용되며 문맥상 패배시켜야 할 대상이므로 영국의 적인 the Nazis 대신 사용되었음을 알 수 있다.

STARTING UP pp. 44-45

정답 | 1. (B) 2. (B) 3. (A) / p.44

음영 처리된 단어가 가리키는 것에 동그라미 하세요.

1 Walt Disney는 Walt Disney 사를 세운 미국의 영화 제작자였다. 미키 마우스와 밤비를 포함해 그의 회사가 만든 캐릭터들은 역사상 가장 사랑 받는 만화영화 등장인물에 속한다. 수백만 명의 사람들이 디즈니랜드와 디즈니월드를 매년 방문한다. 그것들 은 세계에서 가장 유명한 놀이동산이다.
   (A) 미키 마우스와 밤비   (B) 디즈니랜드와 디즈니월드

2 Mother Theresa는 일생을 캘커타의 가난한 사람들을 돕는데 헌신한 가톨릭 수녀이다. 그녀는 18세에 수녀가 되었고, 그 후 캘커타에서 가난하고 아픈 사람들을 돕는 일을 했다. 1971년에 그녀는 노벨 평화상을 받았다. 그것 은 그녀의 업적 때문에 주어진 것이었다.
   (A) 캘커타   (B) 노벨 평화상

3 1953년에 과학자 Francis Crick과 James Watson이 DNA 구조를 발견했다. 그것은 20세기의 가장 큰 과학적 발견 중 하나였다. Crick과 Watson은 다른 과학자들인 Maurice Wilkins와 Rosalind Franklin의 연구 결과를 이용했다. 1962년 그들 은 자신들의 (DNA) 발견으로 Wilkins와 함께 노벨 의학상을 수상했다. 안타깝게도, Franklin은 4년 전에 죽어서 그녀는 그 상을 받지 못했다.
   (A) Crick과 Watson   (B) 다른 두 과학자들

정답 | 1. her husband   2. the army   / p.45
       3. behavioral economics   4. boycotts

다음 지문을 읽고 답을 쓰세요.

Maria Theresa는 신성 로마 제국 황제였던 Charles VI(카를 6세)의 딸이었다. 그가 죽은 후, 그녀는 오스트리아, 헝가리, 보헤미아의 지도자가 되었고, 그녀의 남편은 황제로 임명되었다. 그러나 역사가들은 Maria Theresa가 그의 도움을 거의 받지 않고 제국을 다스렸다고 의견을 모은다. 그녀는 제위에 있던 40년 동안, 많은 변화를 가져왔다. 그녀는 학교 제도를 개혁하고, 군대를 그 규모의 두 배로 증대시켜 개선시켰다. 그녀는 1780년 63세의 나이로 세상을 떴다.

1 단어 him 이 가리키는 것은 her husband이다.
2 단어 its 가 가리키는 것은 the army이다.

Richard Thaler(리처드 탈러)는 2017년 노벨 경제학상을 수상한 미국의 경제학자이다. 그는 행동경제학에 주력했는데, 그것은 경제학과 심리학을 결합시킨 것이다. 기본적으로 그것 은 사람들이 왜 특정한 재정적 결정을 내리는지에 대한 연구이다.

그의 연구는 실제 세상에서 심리학이 어떻게 재정적 결정에 영향을 미치는지를 보여준다. Thaler는 사람들이 가끔 사회에는 이익이 되지만 자신들에게는 해가 되는 방식으로 행동한다는 것을 발견했다. 예를 들어, 소비자들은 불매운동을 이용해 옳지 못한 행동을 한 기업을 응징한다. 그러나, 그런 일들은 소비자에게도 해가 된다.

3 1단락에서 단어 it 이 가리키는 것은 behavioral economics 이다.
4 2단락에서 단어 they 가 가리키는 것은 boycotts이다.

VOCABULARY pp. 46-47

정답 |

● Write the meaning of each word in Korean.
탐험가 / Marco Polo는 유명한 탐험가였다.
위험한 / 헬멧을 쓰지 않고 자전거를 타는 것은 위험하다.
구조하다 / 그 인명 구조원은 가라 앉는 보트에서 한 남자를 구조했다.
업적, 공적 / 그 상을 받는 것은 대단한 업적이었다.
추락(충돌) 시키다 / 그 소년은 자신의 새 자전거를 나무에 들이박았다.
좀처럼 ~하지 않다 / Sophie는 신문 읽을 시간이 좀처럼 없다.
모의(계획)하다 / 그 소녀는 자기 언니를 속일 모의를 했다.
전설적인 / Vladimir Horowitz는 전설적인 피아니스트였다.
보여주다, 설명하다 / 그 요리사는 칼 가는 법을 보여주었다.
초상화 / 그 화가의 초상화가 벽에 걸려있다.

● Match the words with their synonyms.
1-e 2-b 3-d 4-f 5-c 6-a

● Complete the sentences with the words below.
1. accomplishment   2. portraits
3. legendary   4. explorers
5. rarely

1 그 평화 회담을 주선한 것이 그 외교관의 가장 위대한 업적이었다.
2 그 화가는 그의 예쁜 딸의 초상화들을 많이 그렸다.
3 Abraham Lincoln은 미국 역사상 전설적인 인물이다.
4 스페인 탐험가들은 1775년에 그 섬을 발견했다.
5 그 소년과 그의 누나는 서로 잘 지내고 거의 싸우지 않는다.

BUILDING UP 1
pp. 48-49

정답 | 1. (C) 2. (C) / p.48

Fill in the blanks to complete the sentences.
1. South Pole   2. rescue

Roald Amundsen

Roald Amundsen(로알 아문센)은 용감한 노르웨이인으로, 북극과 남극을 탐험한 최초의 탐험가들 중 한 명이었다. 1903년에 그는 북서항로를 여행한 최초의 인물이었다. 그것은 대서양과 태평양을 연결하는 매우 위험한 북극해 길이다. 이 여행 동안 그는 이누잇 족에게서 많은 것을 배웠다. 후에 그는 그들로부터 배운 것, 특히 썰매와 개를 써서 여행하는 법을 이용해 남극에 도달한 첫 번째 사람이 되었다. 1928년에 Amundsen은 북극에서 다른 탐험가들을 구하기 위해 비행기를 타고 가던 중 사망했다.

1 지문에서 단어 it 이 가리키는 것은
  (A) 북극
  (B) 태평양
  (C) 북서항로
  (D) 북극해

  ▶ 대명사 문제는 주로 앞에 나온 명사를 언급하므로, it 바로 앞에 나온 (C) the Northwest Passage를 it 대신 넣어보면 문맥이 통하는 것을 알 수 있다.

2 지문에서 단어 them 이 가리키는 것은
  (A) 최초의 탐험가들
  (B) 북극과 남극
  (C) 이누잇 족
  (D) 다른 탐험가들

  ▶ them 앞의 문장을 살펴보면 from the Inuit people이 나오고, 전치사 from을 보면 (C) the Inuit people이 답을 됨을 알 수 있다.

정답 | 1. (D) 2. (B) / p.49

Fill in the blanks to complete the sentences.
1. designed   2. accident

Howard Hughes

Howard Hughes(하워드 휴즈)는 막대한 자산으로 가장 유명하지만, 자신의 삶 속에서 많은 업적들을 이루었다. 그는 많은 사업체들을 소유했으나, 성공적인 영화들도 몇 편 감독하고 제작했다. Hughes는 또한 비행사였다. 그는 비행기들을 디자인하고 제조했고, 스스로 자주 그것들을 시험 비행해 보곤 했다.

불행히도 1946년에 Hughes는 자신의 비행기들 중 한 대를 추락시켰다. 그는 목숨을 구하긴 했지만, 그 사고 이후 그의 성격이 달라졌다. 그건 모험을 즐기는 것에서 조용하고 소심한 것으로 바뀌었다. 그는 한 호텔로 거처를 옮기고 바깥 출입을 거의 하지 않았다. 그를 다시 본 사람은 거의 없었다.

1 1단락에서 단어 them 이 가리키는 것은
  (A) 업적들
  (B) 사업체들
  (C) 영화들
  (D) 비행기들

  ▶ 동사 test의 목적어로 사용된 3인칭 대명사 복수형이므로, them이 사물인 (D) airplanes 대신 사용되었음을 알 수 있다.

2 2단락에서 단어 It 이 가리키는 것은
  (A) 그의 비행기들 중 한 대
  (B) 그의 성격
  (C) 그 사고
  (D) 한 호텔

  ▶ 대명사 It을 설명해 주는 수식어로 adventurous, quiet, shy 등 어떤 인물의 성격을 나타내는 형용사들이 나오므로, (B) his personality가 답이 된다.

BUILDING UP 2
pp. 50-51

정답 | 1. (D) 2. (B) / p.50

Write the answer.
He wrote a history book and many poems.

Walter Raleigh 경

Walter Raleigh(월터 롤리) 경은 영국의 탐험가이자 역사학자로, 젊은 시절 아일랜드 반란을 종식시키는 데 일조했다. 이 때문에, 그는 Queen Elizabeth(엘리자베스 여왕)의 궁정에서 지위가 급격히 올라갔다. 후에 여왕은 그를 북아메리카 탐사에 파견했다. 그는 영국에 알려져 있지 않았던 감자와 담배를 가지고 돌아왔다. 이것이 여왕을 기쁘게 해서, 그녀는 그에게 기사 작위를 주었다.

여왕 사후에 새로 왕이 된 James I(제임스 1세)는 Raleigh가 그에 반대하여 음모를 꾀한다고 생각했다. 그래서 그는 Raleigh를 10년 동안 런던탑에 감금시켰다. 이 시기 동안 Raleigh는 한 권의 역사책과 많은 시들을 썼다.

1616년에 Raleigh는 석방되어, 금으로 가득한 전설의 도시 엘도라도를 발견하기 위해 남아메리카로 보내졌다. 그 여행 동안, Raleigh의 부하들이 몇몇 스페인 병사들을 공격했다. 영국과 스페인은 전쟁 중이 아니었기 때문에, 이것은 큰 실수였다. Raleigh는 체포되었고, 후에 처형되었다.

1 1단락에서 단어 This 가 가리키는 것은
  (A) 영국에 알려지지 않은 것
  (B) 아일랜드 반란을 종식시키는데 일조한 것

(C) 북아메리카를 탐사하도록 보내진 것
(D) 감자와 담배를 가지고 돌아온 것

● This 앞에 나온 문장을 보면 returned with potatoes and tobacco라는 구절이 나오고, 그 다음에 pleased the queen이라는 말이 나오므로, 앞뒤 문맥상 (D)가 답으로 적합하다.

2 3단락에서 단어 this 가 가리키는 것은
(A) 감옥에서 석방된 것
(B) 몇몇 스페인 병사들을 공격한 것
(C) 스페인과 전쟁 중이 아닌 것
(D) 엘도라도를 발견하는 것

● 지시대명사 this의 보어로 a terrible mistake라는 수식 어구가 나오므로, 이에 상응하는 주어로 (B) attacking some Spanish soldiers를 대신 넣어보면 문맥상 자연스럽다.

(B) Baird가 이야기를 나눴던 사람들
(C) 위험한 감전 사고들
(D) 모자 상자와 가위 한 자루

● 대명사는 주로 앞에 나온 명사를 가리킨다. 바로 앞 문장에 나오는 a hatbox and a pair of scissors를 these 대신 넣어보면 문맥상 뜻이 통하므로 (D)가 답이다.

CHALLENGE TOEFL iBT®   pp.52-53

정답 | 1. (C) 2. (A) 3. (D) 4. (C)

Marie Laurencin

Marie Laurencin(마리 로랑생)은 프랑스의 화가였다. 1907년 24세의 나이에 그녀는 처음으로 단독 전시회를 열었다. 그녀는 곧 Pablo Picasso를 만났고, 그의 입체파 스타일에 영향을 받았다. 그러나 Laurencin은 입체파 운동의 일원은 아니었다. 그녀는 그녀의 그림들을 특별하게 만드는 자신만의 스타일을 갖고 있었다.

예를 들어, 그녀가 사용한 색깔들은 다른 많은 화가들이 사용한 것과는 달리 밝고 부드러웠다. 그러나 그 색깔들은 Laurencin과 그녀의 남편이 힘든 시기를 겪었던 1914년부터 1921년 사이에 바뀌었다. 이 시기 동안, 그것들은 더 어두워졌다. 그녀가 파리로 되돌아온 후, 그녀는 자신이 사용하던 밝은 색깔들, 특히 분홍색과 회색을 다시 사용했다. 그녀의 그림에 가장 많이 사용된 소재는 창백한 피부와 검은 눈동자를 가진 젊은 여인들이었다.

Laurencin은 또한 유명한 프랑스 명사들의 초상화를 그렸고, 몇 권의 책에 삽화도 그렸다. Lewis Carroll의 대표작인 *이상한 나라의 앨리스*가 이런 것들 중 하나이다. 오늘날 그녀의 뛰어난 작품들 중 600점 이상을 일본 도쿄에 있는 Marie Laurencin 미술관에서 볼 수 있다.

cubist 입체파의

정답 | 1. (C) 2. (D) / p.51

Write the answer.
It was not created by a single person.

John Logie Baird

몇몇 다른 발명품들과 달리, 텔레비전은 단 한 사람에 의해 만들어진 것이 아니었다. 수년 간 많은 발명가들이 여러 다른 종류의 텔레비전을 개발했다. 그들 가운데 가장 중요한 발명가들 중 한 명이 스코틀랜드의 엔지니어였던 John Logie Baird(존 로지 베어드)였다.

그것은 쉬운 일이 아니었다. Baird는 많은 문제들을 가지고 있었다. 그의 건강은 좋지 않았고, 그가 이야기를 나눴던 사람들은 흔히 그가 제정신이 아니라고 생각했으며, 그는 위험한 감전 사고들도 겪었다. 놀랍게도, 그는 모자 상자와 가위 한 자루를 포함한 일상 용품들을 가지고 작업했다. 그는 이것들을 이용해 최초로 작동하는 텔레비전을 만들었다. 그는 그것을 1926년에 처음으로 선보였다.

Baird는 그 후 죽을 때까지 계속 텔레비전에 대해 연구했다. 그는 나중에 다른 많은 발명품뿐만 아니라 최초의 컬러 텔레비전도 만들었다. 오늘날 그는 역사상 가장 위대한 스코틀랜드의 발명가들 중 하나로 여겨진다.

1 1단락에서 단어 them 이 가리키는 것은
(A) 발명품들
(B) 텔레비전들
(C) 발명가들
(D) 여러 해

● them을 꾸며 주는 보어가 John Logie Baird이므로 them이 사람들, 즉 (C) inventors를 가리킨다는 것을 알 수 있다.

2 2단락에서 단어 these 가 가리키는 것은
(A) 많은 문제들

1 지문의 주제는 무엇인가?
(A) Marie Laurencin은 Pablo Picasso가 입체파를 발전시키도록 도왔다.
(B) Marie Laurencin은 유명한 프랑스 화가이자 작가였다.
(C) Marie Laurencin은 독특한 스타일을 가진 그림들을 창조했다.
(D) Marie Laurencin은 일본의 도쿄에서 그녀 자신의 미술관을 시작했다.

● 다른 화가들과는 뚜렷이 구별되는 자신만의 독특한 색깔과 소재를 사용해 많은 걸작을 남긴 프랑스 화가 Marie Laurencin에 대해 설명하고 있는 글이므로, (C)가 답이다.

2 2단락에서 단어 they 가 가리키는 것은
(A) 그녀가 사용한 색깔들
(B) 많은 다른 화가들
(C) 힘든 시기
(D) Laurencin과 그녀의 남편

◉ 대명사 they 다음에 나오는 became darker와 상응하는 명사는 색을 나타내는 말이어야 하므로, they가 앞에 나온 명사들 중 (A) her colors를 가리킨다는 것을 알 수 있다.

3 지문에서 단어 celebrities 를 대신하기에 가장 적합한 것은
   (A) 직업들
   (B) 미술품들
   (C) 전통들
   (D) 유명인들

◉ celebrities는 '유명인들, 명사들'이라는 뜻이므로, stars가 가장 적절한 대체 단어이다.

4 3단락에서 단어 these 가 가리키는 것은
   (A) 눈동자들
   (B) 초상화들
   (C) 책들
   (D) 작품들

◉ these가 수식해 주는 주어가 특정한 책이므로, (C)의 books가 these 대신 들어가면 문맥이 통한다.

● More to Know

Cubism 입체파

20세기 초에 Pablo Picasso와 Georges Braque를 주축으로 일어난 회화 운동으로, 건축, 조각, 공예 등 다양한 분야에 세계적으로 영향을 미쳤다. 자연의 모든 형태를 원기둥과 구, 원뿔로 해석한 Paul Cezanne의 생각을 이어받은 것으로, 종래 원근 법칙을 무시하고 동일한 사물의 서로 다른 측면을 한 공간에서 보여준다. 입체파 운동은 개별 작가의 자유로운 표현 양식으로 발전해 모든 근대 회화의 근간이 되었다.

● COLLOCATION / p.54

정답 | 1. moved back to ~로 되돌아갔다
   2. plotting against ~에 반대하여 음모를 꾀하는
   3. in power 권력의 자리에 있는
   4. dedicated her life to 그녀의 일생을 ~에 헌신했다
   5. as well as ~뿐만 아니라
   6. a number of 다수의
   7. unknown in ~에 알려져 있지 않은
   8. involved in ~에 개입된
   9. of all time 역사상, 역대

CHAPTER 04

Fact and Negative Fact

INTRODUCTION

지문의 세부적인 내용을 묻는 문제입니다. Fact 문제는 지문의 내용과 일치하는 것을 답으로 선택해야 하고, Negative Fact 문제는 지문의 내용과 일치하지 않거나 언급하지 않은 것을 찾아 답으로 고르는 문제입니다.

TYPICAL QUESTION TYPES

According to paragraph ____, (colorful petals) ____ 단락에 따르면, (화려한 꽃잎은)

It is stated in paragraph ____ that ____ 단락에서 언급(서술)된 것은

It is NOT true that 사실이 아닌 것은

It is NOT stated that 언급(서술)되지 않은 것은

All of the following are true EXCEPT (that) 다음 중 사실이 아닌 것은

STRATEGIES

- 질문의 내용과 보기의 핵심어를 찾아 무엇을 묻는지 확인하고 관련 내용을 지문에서 찾아 확인하게 합니다.
- Fact 문제에서는 지문에 제시된 정보를 동의어나 의미가 통하는 말로 재진술(restatement)한 보기를 선택하게 합니다.
- Negative Fact 문제에서는 지문에 제시된 정보를 재진술한 보기를 제외시킨 나머지 보기에서 답을 찾게 합니다.
- 객관성을 갖고 지문의 내용에 의존하고, 추론을 하지 않게 합니다.

SAMPLE			p.57
정답	1. (A) 2. (C)	Check Up	1-b 2-a 3-c

제브라피시

제브라피시는 검은 가로줄이 있는 민물고기이다. 그것은 상당히 작아서, 약 4 센티미터까지 자란다. 그것은 히말라야 산맥의 시냇물에 서식하지만, 실험실에서도 흔히 발견된다. 과학자들은 제브라피시가 다른 실험동물들보다 많은 이점을 가지고 있기 때문에 종종 그것들을 이용한다.

우선, 그것은 크기가 작고 키우는 비용이 저렴하다. 또한, 그것은 빨리 자라고 놀랄만한 속도로 번식한다. 가장 중요한 것은 그것의 유전자가 인간의 유전자와 비슷하다는 점이다. 제브라피시는 암을 포함한 많은 질병을 연구하는 데 이용되어왔다.

1 1단락에 따르면, 제브라피시는
(A) 실험에 유용하다.
(B) 태어날 때 길이가 4cm이다.
(C) 바다에 서식한다.
(D) 실험실에서 만들어졌다.

❷ 1단락 마지막에서 use the zebrafish in their experiments ~ lab animals라고 했으므로 (A)가 답이 된다. 제브라피시는 약 4cm까지 자라며 민물에 서식하고 실험실에서 흔히 볼 수 있다고 했으므로, (B), (C), (D)는 모두 지문의 내용과 어긋난다.

2 다음 중 제브라피시에 대한 사실이 아닌 것은
(A) 인간의 유전자와 비슷한 유전자를 가지고 있다.
(B) 몸에 가로줄이 있다.
(C) 보통 아시아 전역에서 발견된다.
(D) 단시간에 많은 새끼를 낳을 수 있다.

❷ 1단락 중간에서 lives in streams in the Himalayan mountains라고 했으므로, 제브라피시에 대한 사실과 다른 것은 (C)이다.

STARTING UP pp.58-59

정답 | 1. (A) 2. (B) 3. (B) / p.58

각 지문에서 언급한 사실에 동그라미 하세요.

1 타조는 아프리카에서 왔다. 그것은 세계에서 가장 큰 새이다. 그것은 긴 목과 다리를 가진 매우 이상한 모습이다. 그것은 자신의 크고 무거운 몸 때문에 날 수 없다. 그러나 그것은 시속 65 킬로미터의 속도로 아주 빠르게 달릴 수 있다.
(A) 타조는 세계에서 가장 큰 새이다.
(B) 타조는 세계에서 가장 큰 알을 낳는다.

2 대부분의 버섯들은 자루라 불리는 줄기와 우산처럼 보이는 큰 머리인 갓을 가지고 있다. 그것들은 음식과 약품에 사용되지만, 모든 종류의 버섯들이 먹기에 안전한 것은 아니다. 버섯들 중 일부는 독이 있다.
(A) 모든 버섯들은 안전하게 먹을 수 있다.
(B) 어떤 버섯들은 먹을 수 있다.

3 사자나 호랑이 같은 야생 고양잇과(科) 동물들은 아주 크게 자랄 수 있다. 그것들은 눈이 크고 어둠 속에서 잘 볼 수 있다. 그것들은 또한 냄새를 잘 맡고 듣기도 잘한다. 이는 그것들을 능숙한 사냥꾼으로 만든다. 사자를 제외한 야생 고양잇과 동물들은 무리를 이루어 살지 않기 때문에, 그것들은 보통 혼자이다. 사실, 그것들은 삶의 3분의 2를 잠을 자거나 쉬면서 보낸다.
(A) 야생 고양잇과 동물들은 대부분의 시간을 사냥하는데 쓴다.
(B) 사자는 무리를 이루어 사는 유일한 야생 고양잇과 동물이다.

정답 | 1. (A) 2. (C) / p.59

각 지문 위의 문장을 읽고 그 문장과 관련된 문장에 동그라미 하세요.

1 많은 종류의 난초가 있다.
난초는 그 아름다움 때문에 인기 있는 꽃이다. (A) 난초에는 24,000개 이상의 종이 있다. 난초의 꽃들은 다양한 모양과 색을 나타낸다. (B) 그것들은 세계 거의 모든 지역에서 자란다. (C) 어떤 종들은 향수에 사용되는 바닐라를 위해 경작된다.

2 성게는 많은 포식자들을 가지고 있다.
성게는 독특한 생물이다. (A) 그것들은 식물과 죽은 동물을 먹으면서 해저를 돌아다닌다. 그것들은 딱딱한 껍질을 가지고 있다. 이 껍질은 흔히 방어에 사용되는 날카로운 가시로 덮여 있다. (B) 어떤 종들의 경우, 이런 가시들에는 독성이 있다. (C) 이런 사실에도 불구하고, 게와 해달을 포함한 많은 생물들이 성게를 먹는다. 불행히도, 공해와 남획 때문에 성게 개체수가 감소하고 있다.

VOCABULARY pp.60-61

정답 |

● Write the meaning of each word in Korean.
신경 / 손가락 끝에 있는 신경은 매우 예민하다.
바꾸다 / 그 과정은 당분을 알코올로 바꾼다.
흡수하다 / 스폰지는 물을 흡수한다.
고정시키다 / 가로등 기둥을 콘크리트에 고정시켜라.
비명 / 부상을 입은 그 남자는 통증으로 비명을 질렀다.
먹이 / 토끼는 여우가 좋아하는 먹이이다.
섬세한 / 아기는 섬세한 피부를 가지고 있다.
끌어들이다 / 이 장소는 여름에 많은 관광객들을 끌어들인다.
끈적거리는 / Joe의 손가락은 잼으로 끈적거린다.
액체 / Kathy는 그 병에 얼마나 많은 액체가 담겨 있는지 물었다.

● Match the definitions with the words.
1-f 2-e 3-c 4-b 5-d 6-a

● Complete the sentences with the words below.
1. scream 2. absorbs 3. liquid
4. prey   5. nerve

1 아무도 그 여자의 비명 소리를 듣지 못한 것 같았다.
2 마른 모래는 물을 빨리 흡수한다.
3 수은은 상온에서 액체이다.
4 그 치타는 먹이를 발견하고 그것을 뒤쫓기 시작했다.
5 그 독은 신경 세포를 망가뜨려 사람들을 사망하게 만든다.

BUILDING UP ❶   pp. 62-63

정답 | 1. (D) 2. (C) / p.62

Fill in the blanks to complete the sentences.
1. spinal cord   2. flexible

등뼈가 있는 동물들

대부분의 동물들은 등뼈를 가지고 있다. '등뼈'는 다른 말로 척추라고 한다. 그것이 지지대가 되어 동물이 서고 걷고 달릴 수 있다. 그것은 또한 몸에서 뇌로 흐르는 일단의 신경인 척수를 보호한다. 문어나 게 같은 동물들은 등뼈를 가지고 있지 않다. 이것이 문어가 그렇게 유연한 이유이다. 게는 등뼈 대신 자신의 몸을 보호하고 지탱하기 위한 단단한 껍질을 가지고 있다.

1 지문에서 언급된 것은
(A) 등뼈가 있는 것은 유용하지 않다.
(B) 모든 인간은 등뼈를 가지고 있다.
(C) 등뼈는 매우 유연하다.
(D) 모든 동물이 등뼈를 가지고 있지는 않다.

➲ 1째 줄의 Most animals have a backbone.을 단서로 (D)가 답이라는 것을 알 수 있다. 나머지 (A), (B), (C)는 언급되지 않거나 틀린 사실이다.

2 다음 중 사실이 아닌 것은
(A) '등뼈'는 또 다른 말로 척추라고 한다.
(B) 등뼈는 일부 신경을 보호한다.
(C) 유연한 동물들만 등뼈를 가지고 있다.
(D) 등뼈는 동물들에게 설 수 있는 능력을 부여한다.

➲ 1~3째 줄에 (A)와 (D)의 내용이, 4째 줄에 (B)의 내용이 나온다. 6~7째 줄에 등뼈가 없는 동물이 유연하다고 나오므로, (C)의 내용이 사실이 아니다.

정답 | 1. (C) 2. (B) / p.63

Fill in the blanks to complete the sentences.
1. Photosynthesis   2. roots

식물

식물은 광합성을 이용하기 때문에 동물과 다르다. 이 과정(광합성)은 태양 에너지를 영양분으로 바꾸며, 식물의 잎에서 일어난다. 잎은 보통 녹색이고 타원형이며, 줄기나 나뭇가지에 달려 있다. 줄기는 좀 더 강하고 더 두꺼운 식물의 '몸체'이다. 그것들은 뿌리에서 잎으로 나온다. 식물이 대부분의 수분을 저장하는 곳이 여기다. 목재는 보통 '몸통'이라고 불리는 나무 줄기에서 나온다. 뿌리는 땅 아래에 있다. 그것들은 식물을 위해 물과 무기물을 흡수한다. 그것들은 또한 식물을 땅에 고정시켜 그것이 위로 자랄 수 있다.

1 광합성에 대해 사실이 아닌 것은
(A) 동물이 아닌 식물에서 일어난다.
(B) 태양 에너지를 영양분으로 바꾼다.
(C) 식물에서 흔한 일이 아니다.
(D) 녹색 잎에서 일어난다.

➲ (A)는 1~2째 줄에, (B)와 (D)는 2~3째 줄에 그 내용이 나온다. 그러나 (C)는 사실이 아니다.

2 지문에 따르면, 줄기는
(A) 물과 무기물을 흡수한다.
(B) 식물의 대부분의 수분을 저장한다.
(C) 녹색이고 타원형이다.
(D) 땅 밑에서만 발견될 수 있다.

➲ stems에 대한 설명 중, where the plants keep most of their water라는 부분에서 식물이 대부분의 수분을 줄기에 저장한다는 사실을 알 수 있다.

BUILDING UP ❷   pp. 64-65

정답 | 1. (C) 2. (D) / p.64

Write the answer.
The barn owl uses it to find its prey.

원숭이올빼미

원숭이올빼미는 전 세계 거의 모든 곳에서 발견된다. 그것의 등과 머리는 연갈색이나 회색이지만, 가슴과 얼굴은 흰색이다. 그 깃털이 매우 부드러워서, 그것은 소리 없이 날 수 있다. 많은 사람들이 원숭이올빼미가 단어 '후' 같은 소리를 낸다고 생각한다. 하지만 이것은 사실이 아니다. 그것이 내는 소리는 실제로 비명 소리와 비슷하다.

대부분의 올빼미들처럼, 원숭이올빼미는 보통 밤에 활동한다. 낮에는 자고 해가 지면 사냥을 한다. 원숭이올빼미의 큰 눈은 그것이 어둠 속에서 잘 볼 수 있게 해 준다. 그것은 또한 뛰어난 청각도 갖고 있는데, 이를 이용해 먹이를 찾는다. 그것은 물고기와 다른 새들뿐 아니라 쥐 같은 작은 동물들을 사냥한다.

1 1단락에서 원숭이올빼미에 대해 언급한 것은
(A) 세계에서 발견되는 곳이 거의 없다.
(B) 가슴과 등에 흰털을 갖고 있다.
(C) 나는 동안 소리를 내지 않는다.
(D) 단어 '후'라고 하는 것 같은 소리를 낸다.

➲ 3째 줄에서 it can fly silently라고 했으므로 (C)가 답이다. found in nearly every part of the world, its chest and face are white, sound it makes ~ similar to a scream을 보면 (A), (B), (D)는 사실과 다름을 알 수 있다.

2 다음 중 **원숭이올빼미**에 대한 사실이 <u>아닌</u> 것은
(A) 매우 부드러운 털을 갖고 있다.
(B) 쥐, 물고기, 새를 먹는다.
(C) 하얀 얼굴을 갖고 있다.
(D) 밤에는 활동하지 않는다.

▶ 2단락 첫 문장에서 the barn owl is usually active at night이라고 했으므로, 원숭이올빼미에 대한 설명에 부합하지 않는 것은 (D)이다.

정답 | 1. (C) 2. (A) / p.65

Write the answer.
It means "to spread pollen from one flower to another."

수분(受粉)

우리가 꽃이라고 부르는 것은 실제로 식물의 화려한 윗부분이다. 꽃의 섬세한 바깥 부분을 꽃잎이라고 부른다. 많은 꽃잎들이 모인 것을 꽃송이라고 부른다. 대부분의 꽃들은 곤충과 새를 끌어들이려고 화려한 꽃잎들을 가지고 있는데, 그것들은 이 꽃에서 저 꽃으로 꽃가루를 퍼뜨린다. 꽃가루는 꽃의 수술에 의해 만들어지는 일종의 끈적거리는 가루이다. 수술은 보통 길고 가는 관이다. 꽃가루는 다른 꽃들의 암술로 옮겨진다. 암술은 가는 관이나 컵처럼 보인다. 어떤 꽃들은 암술을 한 개 이상 가지고 있는데, 각 암술에는 씨방이 있다. 꽃이 수분되면, 씨방은 씨앗을 만든다. 어떤 식물들은 이런 방식으로 번식한다.

1 지문에 따르면, 화려한 꽃잎들은
(A) 흔하지 않다.
(B) 목적이 없다.
(C) 곤충과 새들을 끌어들인다.
(D) 새 식물을 위한 씨앗을 만든다.

▶ 3~4째 줄에 have colorful petals to attract insects or birds라는 내용이 나오므로, 정답은 (C)이다.

2 다음 중 사실이 아닌 것은
(A) 암술은 꽃가루를 만든다.
(B) 곤충이나 새들은 다른 꽃들에 꽃가루를 옮긴다.
(C) 수술은 보통 길고 가는 관처럼 생겼다.
(D) 암술은 씨방을 가지고 있다.

▶ 꽃가루를 만드는 것은 pistil이 아니라 stamen이므로 지문의 내용과 맞지 않는 것은 (A)이다. (B)는 3~4째 줄에, (C)는 5~6째 줄에, 그리고 (D)는 7~8째 줄에 나온다.

CHALLENGE TOEFL iBT® pp.66-67
정답 | 1. (A) 2. (C) 3. (D) 4. (B)

거미

거미는 곤충이 아니라 거미류 동물이다. 거미류 동물은 2개의 주요 몸통 부분과 8개의 다리를 가지고 있는 반면, 곤충은 3개의 주요 몸통 부분과 6개의 다리가 있다. 많은 곤충들이 날 수 있지만, 거미는 날지 못한다.

거미들은 검정색, 갈색, 흰색, 노란색, 오렌지색 같이 다양한 색을 나타낸다. 그것들은 보통 1년 정도 살지만, 타란툴라(독거미의 일종)라고 불리는 거미는 길게는 20년까지 산다. 어떤 거미들은 매우 작지만, 어떤 것들은 크기가 저녁 만찬 쟁반만하다.

거미의 가장 독특한 점은 거미줄을 치는 능력이다. 거미들은 명주실을 만들 수 있는데, 그것들은 그 실을 이용해 끈끈한 거미줄을 만든다. 그러나 거미는 다리 위에 기름기가 있어서, 자신의 거미줄에 붙지 않는다. 거미줄은 곤충들을 잡는데 이용된다. 곤충이 거미줄에 걸렸을 때, 거미는 그것을 명주실로 감는다. 그것은 그 곤충을 나중에 먹지만, 실제로 그것을 먹는 것은 아니다. 그것은 이가 없기 때문에, 그 곤충 속에 독을 넣어 그것을 액체로 변환시킨다.

venom 독(액)

1 지문이 주로 논하는 것은 무엇인가?
(A) 거미의 특성들
(B) 거미의 신체적 특징들
(C) 거미가 선호하는 먹이
(D) 다양한 종의 거미

▶ 글 전체에서 거미의 신체적 특징, 수명, 크기, 먹이 포획 등에 대해 설명하고 있으므로, 이 글의 주제는 (A)이다.

2 3단락에서 단어 them 이 가리키는 것은
(A) 거미들
(B) 거미줄
(C) 다리들
(D) 곤충들

▶ 대명사 them 대신 보기의 단어들을 넣어보면 (C) legs를 넣어야 앞뒤 문맥이 연결된다.

3 지문에서 단어 binds 와 의미가 가장 가까운 것은
(A) 때리다
(B) 접다
(C) 물다
(D) 감싸다

▶ binds는 '감다, 묶다'라는 뜻으로, '감싸다'라는 뜻의 (D) wraps가 유의어이다.

4 지문에 따르면, 다음 중 사실이 아닌 것은
(A) 거미는 곤충과 다른 몸통 구조를 가지고 있다.
(B) 거미는 다양한 색을 가지고 있고, 보통 약 20년 동안 산다.
(C) 기름기 있는 거미의 다리는 그것들이 그들 자신의 거미줄에 붙지 않도록 해 준다.
(D) 거미는 독을 사용해 먹이를 액체로 변환시킨다.

◐ (A)는 1~3째 줄에, (C)는 10~11째 줄에, 그리고 (D)는 마지막 부분에 설명이 나와 있다. 그러나 5째 줄에서 usually live for about one year라고 했으므로, 거미에 대한 사실에 부합하지 않는 것은 (B)이다.

● **COLLOCATION** / p.68

정답
1. at speeds of ~의 속도로
2. makes a sound 소리 내다
3. such as ~와 같은
4. trapped in ~에 걸린
5. differ from ~와 다르다
6. covered in ~로 덮인
7. similar to ~와 비슷한
8. as long as ~만큼이나 오랫동안
9. In fact 사실

CHAPTER 05

Sentence Simplification

INTRODUCTION
지문에서 음영으로 처리된 복잡하거나 긴 문장을 가장 잘 단순화시킨 문장을 보기에서 찾는 문제입니다.

TYPICAL QUESTION TYPE
Which of the sentences below best expresses the essential information in the highlighted sentence in the passage? *Incorrect* choices change the meaning in important ways or leave out essential information.
지문에서 음영 처리된 문장의 핵심 정보를 가장 잘 나타낸 것은 아래 문장들 중 어느 것인가? 잘못된 보기들은 중요한 의미를 바꾸거나 핵심 정보를 생략한다.

STRATEGIES
- 음영 처리된 문장의 핵심 정보를 파악하고 중요하지 않은 정보들은 삭제하게 합니다.
- 쉼표와 in addition, also, however, yet, therefore, for example 등의 연결어를 찾아 문장을 더 작은 부분으로 분해해 보게 합니다.
- 음영 처리된 문장 앞뒤 문장에서 문맥 파악에 도움이 되는 단서를 찾아 보게 합니다.
- 지문에 나온 표현을 그대로 사용하지 않기 때문에 핵심 정보를 가지고 paraphrase(다른 말로 바꾸기)하는 연습을 하게 합니다.
- Paraphrase 실력을 향상시키기 위해 어휘와 문법 실력을 쌓게 합니다.

SAMPLE p.71

정답 | (C)   **Check Up** | 1-b   2-a   3-c

담수성 습지

습지는 나무가 많으며 축축하고 부드러운 땅이 있는 지역이다. 습지에 있는 물은 담수나 염수, 또는 그 두 가지가 합쳐진 것일 수 있다. 담수성 습지는 보통 호수 근처에서 발견되며, 많은 종류의 동물이 그 안에 서식한다. 북아메리카에서 가장 넓은 담수성 습지들 중 하나는 에버글레이드 습지이다. 플로리다 주에 위치한 그 습지는 크기가 10,000 평방 킬로미터 이상이다. 비록 에버글레이드 습지의 많은 부분이 물로 덮여 있지만, 대부분의 장소에서 수심은 30 센티미터가 되지 않는다. 에버글레이드 습지는 악어와 검은 표범을 포함한 많은 희귀동물들의 서식지이다.

지문에서 음영 처리된 문장의 핵심 정보를 가장 잘 나타낸 것은 아래 문장들 중 어느 것인가? 잘못된 보기들은 중요한 의미를 바꾸거나 핵심 정보를 생략한다.
(A) 에버글레이드 습지에 있는 대부분의 물의 수심은 30 센티미터 이상이다.
(B) 에버글레이드 습지의 일부는 물에 잠겨 있지만, 대부분은 그렇지 않다.
(C) 에버글레이드 습지는 대부분 물에 잠겨 있지만, 수심은 깊지 않다.
(D) 에버글레이드 습지에서 물로 덮여 있지 않은 부분은 거의 없다.

◐ 음영 처리된 문장에서 핵심 어구는 much of the Everglades, in water, less than 30 centimeters deep이다. 핵심 어구로 문장을 단순화 시키면 보기의 (C)가 정확하게 표현한 문장이다. (A), (B), (D)는 지문과 다른 내용을 언급하고 있다.

STARTING UP pp.72-73

정답 | 1. (A)   2. (B)   3. (A)   / p.72

지문에서 음영 처리된 문장을 정확하게 단순화 시킨 문장에 동그라미 하세요.

1 다이아몬드는 가장 단단하고 가치 있는 보석이다. 그것들은 여러 색일 수 있지만, 가장 인기 있는 것은 투명한 것이다. 우리는 유리 같은 다른 것들을 자르는데 다이아몬드를 사용할 수 있지만, 그것들은 장신구로도 사용된다. 알맞게 절단된 다이아몬드는 반짝거리고 아름답게 보인다.
(A) 다이아몬드는 물건 절단과 장식용으로 사용된다.
(B) 다이아몬드는 너무 가치가 높아서 일상생활에서 사용할 수 없다.

2 자수정은 아름답게 색이 입혀진 수정처럼 보이는 보석이다. 그것들은 보통 자주색이다. 고대 그리스인과 로마인들은 자수정이 술에 취하는 것을 막을 수 있다고 생각했다. 오늘날 우리는 이 믿음이 사실이 아닌 것을 알지만, 일부 현대인들은 자수정이 특별한 에너지와 치유력을 가지고 있다고 믿는다.
  (A) 우리는 자수정의 신비한 힘에 대한 진실을 알지 못한다.
  (B) 옛 믿음이 틀린 것으로 알려져 있지만, 일부 사람들은 여전히 자수정이 특별한 힘을 가지고 있다고 믿는다.

3 동석(soapstone)은 가장 부드러운 돌들 중의 하나이다. 그것은 만질 때 비누(soap)처럼 느껴지고 비누처럼 쉽게 조각을 새길 수 있기 때문에 그 이름을 얻었다. 그것은 너무 물러서 심지어 손톱으로 자국을 낼 수 있다. 동석은 예술가들에 의해 조각품 제작에 사용된다.
  (A) 이 돌은 비누(soap)와 비슷하기 때문에 동석(soapstone)이라 불린다.
  (B) 우리가 동석(soapstone)으로 비누(soap)를 만들어서, 그 단어들이 비슷하다.

정답 | 1. (B) 2. (B) / p. 73

주어진 문장과 같은 의미를 가진 음영 처리된 문장에 동그라미 하세요.

1 우리는 채굴을 통해 가치 있는 금속과 돌을 얻는다.
  '채굴'은 우리가 어떻게 땅에서 광물과 금속물을 얻는지 설명하는 데 사용하는 단어이다. 채굴에는 두 가지 기본 형태가 있다. (A) 노천 채굴이라고 하는 하나는 땅에 매우 크고 깊은 구멍들을 낸다. 수갱이라고 하는 또 다른 하나는 지하에 터널들을 파는 일을 수반한다. (B) 채굴은 우리가 귀한 금속과 금, 철, 다이아몬드 같은 보석용 원석을 얻는 방법이기 때문에 매우 중요하다.

2 인간의 행동은 침식을 증가시킨다.
  (A) 물질을 닳아 없어지게 만드는 자연적 과정인 침식은 물이나 바람이 흙과 바위를 운반할 때 일어난다. 침식은 지구의 형태를 만든다. 여러분은 강 유역에서 침식의 영향을 볼 수 있다. 강물은 작은 바위들, 모래, 흙을 운반함으로써 서서히 계곡을 형성한다. (B) 침식은 자연적으로 일어나지만, 때로는 인간들이 유해한 농사와 건축 행위를 통해 침식을 가속화한다.

VOCABULARY pp. 74-75

정답 |

● Write the meaning of each word in Korean.
  결정하다 / 여러분의 건강은 여러분의 습관에 의해 결정된다.
  특징 / 키가 큰 것이 그 부족의 전형적인 특징이다.
  금, 틈 / 그 고대 꽃병에 금이 가 있었다.
  분화구 / 잿빛 재가 그 분화구에서 분출되기 시작했다.
  녹은 / 녹은 유리를 불어서 유용한 물건들을 만들 수 있다.
  분출하다 / 그 댐의 구멍에서 물이 분출했다.
  파괴 / 환경 파괴는 큰 문제이다.
  침식, 부식 / 침식은 토지를 작물경작에 부적합하게 만들 수 있다.
  공기 / 그 방의 식물들이 공기를 개선시킬 것이다.
  줄어들다 / 너의 스웨터를 뜨거운 물에 빨면 줄어들 것이다.

● Match the words with their synonyms.
  1–f 2–a 3–b 4–e 5–d 6–c

● Complete the sentences with the words below.
  1. crater   2. determine   3. crack
  4. erupt   5. destruction

  1 니오스 호는 서아프리카의 카메룬에 있는 화산 분화구 안에 형성되었다.
  2 그 결심이 너의 미래를 결정할 것이다.
  3 이 찻잔 바닥에 금이 가 있다.
  4 이 화산에서 언제든 용암이 분출할 수 있다.
  5 많은 사람들이 열대우림이 파괴되는 것에 대해 매우 걱정한다.

BUILDING UP ❶ pp. 76-77

정답 | 1. (C) 2. (A) / p. 76

Fill in the blanks to complete the sentences.
  1. crystals   2. Mining

광물질

광물질은 자연적 요소들이다. 그것들은 화학적 성분을 가진 수정이다. 수정(水晶)의 무늬와 배열이 그 광물질의 특성을 결정짓는다. 4천 종 이상의 광물질이 있다. 우리는 그것들을 많은 것에 사용한다. 그것들은 집이나 TV 수상기 같은 물건들을 만드는데 중요할 뿐만 아니라, 우리가 살기 위해 섭취하는 음식물에도 필요하다. 몇몇 흔한 광물질에는 소금, 칼슘, 다이아몬드, 그리고 은이 있다. 우리는 채굴로 광물질을 얻는다. 여러 가지 많은 광물질이 세계 도처에서 채굴된다. 어떤 것들은 매우 희귀하고 가치가 있지만, 다른 것들은 아주 흔하다.

1 지문에서 **첫 번째** 음영 처리된 문장의 핵심 정보를 가장 잘 나타낸 것은 아래 문장들 중 어느 것인가? 잘못된 보기들은 중요한 의미를 바꾸거나 핵심 정보를 생략한다.
  (A) 광물질과 수정은 비슷한 특성들을 가지고 있다.
  (B) 어떤 광물질은 수정과 비슷한 무늬가 있다.
  (C) 광물질의 특성은 그 무늬와 배열에 달려있다.
  (D) 광물질이 무늬를 형성하면 수정과 비슷하다.

  ❥ 음영 처리된 문장에서 핵심 단어는 design, order, mineral's, characteristics이며, (C)에서 characteristics를 properties, design을 pattern, order를 layout으로 어휘를 바꿔 나타냈다.

2 지문에서 두 번째 음영 처리된 문장의 핵심 정보를 가장 잘 나타낸 것은 아래 문장들 중 어느 것인가? 잘못된 보기들은 중요한 의미를 바꾸거나 핵심 정보를 생략한다.
(A) 우리는 광물질을 섭취하고 건축에 사용한다.
(B) 우리는 단지 몇 가지 광물질만 사용한다.
(C) 우리는 광물질을 많이 사용하지 않는다.
(D) 광물질은 과거에 집을 지을 때 사용했었다.

➲ 두 번째 음영 처리된 문장에서 예시 구문을 삭제하고 핵심 어구를 살펴보면, making things와 our diet가 된다. 그러므로 이 내용을 단순하게 진술한 (A)가 답이다. (B)처럼 보기에 only가 들어가는 경우는 답이 아닐 가능성이 높으며, (C)는 틀린 내용이고 (D)에 대한 언급은 없다.

정답 | 1. (B)   2. (D) / p.77
Fill in the blanks to complete the sentences.
1. mountains   2. lava

화산

화산은 마그마가 지각의 틈을 통해 나오는 지표면에 형성된다. 화산은 보통 그 꼭대기에 분화구를 가지고 있는 산 같은 구조이다. 마그마는 지구의 핵에서 나오는 엄청나게 뜨거운 용해된 암석이다. 때때로 지하 압력이 굉장히 커지면, 마그마와 증기가 화산 밖으로 용솟음쳐 나온다. 마그마가 분출하면, 그것을 용암이라고 한다. 이것은 걸쭉하며 천천히 움직일 수도 있고, 묽고 빠르게 움직일 수도 있다. 그것은 산 주변에 있는 것은 무엇이든 크게 파괴시킨다. 그러나 화산이 항상 파괴적인 것은 아니며, 바다에서는 용암이 식어 단단한 바위가 되면서 섬을 형성할 수 있다.

1 지문에서 첫 번째 음영 처리된 문장의 핵심 정보를 가장 잘 나타낸 것은 아래 문장들 중 어느 것인가? 잘못된 보기들은 중요한 의미를 바꾸거나 핵심 정보를 생략한다.
(A) 화산은 압력과 증기 때문에 위험하다.
(B) 압력이 마그마와 증기를 화산 밖으로 분출시킨다.
(C) 마그마는 매우 뜨거우며 증기와 아주 비슷해 보인다.
(D) 화산에서 솟아오르는 증기는 지하 압력이 있음을 의미한다.

➲ 음영 처리된 문장의 핵심어인 pressure, great, magma, steam, explode, volcano를 이용해 단순하게 바꾼 문장은 (B)이다.

2 지문에서 두 번째 음영 처리된 문장의 핵심 정보를 가장 잘 나타낸 것은 아래 문장들 중 어느 것인가? 잘못된 보기들은 중요한 의미를 바꾸거나 핵심 정보를 생략한다.
(A) 화산은 단단한 바위를 파괴시켜 환경에 피해를 준다.
(B) 어떤 종류의 화산은 대양을 만든다.
(C) 용암은 바다에서만 식어 단단한 바위가 된다.
(D) 화산은 사물들을 파괴하지만, 또한 새로운 섬도 만든다.

➲ 음영 처리된 문장의 핵심 단어를 살펴 보면 volcanoes, destructive, form, islands이다. 이 단어들과 연관된 단어로 바꾼 문장이 (D)이다. destructive를 destroy로, form을 create로 바꾸었다.

BUILDING UP ❷   pp.78-79

정답 | 1. (C)   2. (D) / p.78
Write the answer.
Lava and earthquakes (also) make natural caves.

동굴

동굴은 지하에 있는 자연적 굴이다. 전 세계적으로 많은 동굴들이 있다. 어떤 동굴들은 깊지 않지만, 다른 것들은 매우 깊다. 가장 깊은 동굴들은 지하 수백 킬로미터까지 뻗어 있다. 동굴은 자연적으로 형성된다. 어떤 것은 빗물이나 강물이 바위를 깎아 동굴을 만드는 침식작용에 의해 만들어진다. 용암이나 지진도 동굴을 만든다. 동굴이 어둡고 대개 축축한 장소이지만, 어떤 동물들은 동굴에서 산다. 특히 박쥐는 동굴에서 생활하는 것으로 알려져 있다.

어떤 사람들은 동굴을 탐험하기를 좋아한다. 그것은 매우 어렵고 위험한 취미이다. 이런 사람들은 동굴의 어두움과 습한 공기를 신경 쓰지 않으며, 동굴 속에 있는 흥미로운 암석층을 보는 것을 즐긴다. 이런 취미를 동굴탐험이라 하는데, 그것은 유럽과 미국에서 인기이다.

1 지문에서 첫 번째 음영 처리된 문장의 핵심 정보를 가장 잘 나타낸 것은 아래 문장들 중 어느 것인가? 잘못된 보기들은 중요한 의미를 바꾸거나 핵심 정보를 생략한다.
(A) 모든 동굴은 강물과 비를 가지고 있다.
(B) 동굴 속 물은 자연 발생한 것이다.
(C) 물은 침식작용에 의해 동굴을 형성할 수 있다.
(D) 침식작용은 동굴의 물에 의해 일어난다.

➲ erosion, water, cave가 음영 처리된 문장의 주요 단어들이므로, 물의 침식작용에 의해 동굴이 만들어진다는 내용을 다르게 표현한 것은 (C)이다.

2 지문에서 두 번째 음영 처리된 문장의 핵심 정보를 가장 잘 나타낸 것은 아래 문장들 중 어느 것인가? 잘못된 보기들은 중요한 의미를 바꾸거나 핵심 정보를 생략한다.
(A) 어두운 동굴들이 축축한 암석을 가지고 있어서, 사람들은 동굴을 탐험하러 가는 것을 좋아한다.
(B) 대부분의 동굴 탐험가들은 동굴이 어둡고 축축해서 동굴탐험을 즐긴다.
(C) 동굴 탐험가들은 동굴의 공기를 바꾸기 위해 흥미로운 암석들을 만든다.
(D) 동굴 탐험가들은 동굴의 공기를 개의치 않으며, 암석층에 관심이 있다.

◐ 동굴 탐험가들이 흥미로운 암석층을 보느라 어둡고 습기 찬 동굴 공기에 전혀 신경 쓰지 않는다는 내용을 단순화 시킨 것은, 음영 처리된 문장의 핵심어인 atmosphere, caves, enjoy, rock formation을 이용한 (D)이다. 본문의 These people은 Cavers로, mind는 dislike 등으로 대체되면서, 문장 구조도 바뀌었다.

◐ 음영 처리된 문장의 핵심 어구는 They(= powerful glaciers), change mountain valleys이며, 이 내용을 적절하게 나타낸 (B)가 답이다.

CHALLENGE TOEFL iBT® pp.80-81

정답 | 1. (C)　2. (A)　3. (D)　4. (B)　5. (C)

정답 | 1. (A)　2. (B) / p.79

Write the answer.
The first is alpine glaciers, and the other is continental glaciers. (They are alpine and continental glaciers.)

천연 자원

천연 자원은 환경에서 자연적으로 발생하는 유용한 것들이다. 몇 가지 예로 석유, 물, 나무가 있다. 사람들은 여러모로 천연 자원에 의존하고 있으므로, 우리는 그것들을 지혜롭게 사용하는 데에 주의를 기울여야 한다.

자원은 재생할 수 있는 것과 재생할 수 없는 두 가지 범주로 나눌 수 있다. 그 차이점은 재생 가능 자원은 시간이 흐르면서 자연적으로 복구된다는 것이다. 재생 가능 자원은 보통 동식물 같은 생물들이다. 예를 들어, 나무는 우리가 그것을 베어버린 후 다시 자랄 수 있기 때문에 재생 가능 자원이다. 그러나 기름은 다시 만들어지는데 수백만 년이 걸리므로 비재생 자원이다. 일단 비재생 자원이 고갈되면 더 이상 얻을 수 없기 때문에, 우리는 그것들을 보존하려고 노력해야 한다.

천연 자원은 나라들 사이에서 거래될 수 있다. 그것들은 자원이 풍부한 나라들에 큰 부를 생성해 줄 수 있다. 예를 들어, 중동의 사우디아라비아와 이란, 그리고 쿠웨이트는 많은 양의 석유를 보유하고 있다. 그들은 그것을 다른 나라들에 수출해 많은 돈을 번다.

빙하

빙하는 오랜 기간 동안 땅 위에 축적된 거대한 눈과 얼음층이다. 그것은 대양 다음에 두 번째로 가장 큰 물의 원천이다. 빙하에는 두 가지 주요 형태가 있다. 첫 번째는 고산 빙하(alpine glaciers)로 산에서 발견된다. 다른 하나는 대륙 빙하 (continental glaciers)로 대륙을 덮고 있다.

시간이 흐르면서 빙하는 움직인다. 그것들은 아래로 천천히 흐른다. 어떤 빙하들은 점점 더 커지지만, 다른 것들은 줄어든다. 빙하가 눈과 얼음으로 만들어지긴 했지만, 그것들은 아주 강력하다. 그것들은 엄청난 양의 암석과 땅을 밀어서 'V'자 모양의 산골짜기를 'U'자 모양으로 바꾼다. 빙하가 산 정상에 형성되면 만년설(ice cap)이라 하고, 북극 해안의 좁은 얼음 띠는 아이스 풋(ice foot)이라고 한다.

petroleum 석유

1. 지문에서 **첫 번째** 음영 처리된 문장의 핵심 정보를 가장 잘 나타낸 것은 아래 문장들 중 어느 것인가? *잘못된 보기들은 중요한 의미를 바꾸거나 핵심 정보를 생략한다.*
   (A) 빙하는 땅 위에 형성된 크고 오래 지속되는 눈과 얼음층이다.
   (B) 빙하는 절대 움직이지 않는 거대한 눈과 얼음 지역이다.
   (C) 빙하는 지구상에서 가장 큰 눈과 얼음 축적물이다.
   (D) 빙하는 큰 눈과 얼음층이어서, 물의 원천이 될 수 있다.

   ◐ large sheets, snow and ice, pile up, long periods가 음영 처리된 문장의 핵심어들이며, 이것을 가장 잘 단순화하여 바꾼 문장은 (A)이다. (B)는 지문 내용과 다르며, (C)에 대한 언급은 없고, (D)는 음영 처리된 문장 다음 부분까지 포함된 내용이다.

2. 지문에서 **두 번째** 음영 처리된 문장의 핵심 정보를 가장 잘 나타낸 것은 아래 문장들 중 어느 것인가? *잘못된 보기들은 중요한 의미를 바꾸거나 핵심 정보를 생략한다.*
   (A) 빙하는 아래로 움직이며 산골짜기로 변한다.
   (B) 빙하의 힘은 산골짜기의 모양을 바꾼다.
   (C) 빙하 안에 있는 엄청난 양의 암석은 산골짜기를 바꾼다.
   (D) 빙하는 산골짜기보다 더 강력하다.

1. 지문에서 주로 논하는 것은 무엇인가?
   (A) 빠르게 사라지고 있는 천연 자원
   (B) 천연 자원을 최대한 이용하는 것
   (C) 천연 자원의 유형과 이용
   (D) 우리의 천연 자원을 보존하려는 노력

   ◐ 1단락의 마지막 문장을 주제문으로 볼 수 있고, 2단락과 3단락에서 구체적인 예를 들어 글의 주제를 자세히 설명해 주고 있음을 알 수 있다. 그러므로 (C)가 답이 된다.

2. 1단락에서 단어 them 이 가리키는 것은
   (A) 천연 자원
   (B) 몇 가지 예들
   (C) 사람들
   (D) 범주들

   ◐ them의 앞뒤에 가까이 있는 복수 명사 natural resources, some examples, humans, categories를 각기 them 대신 넣어 보면 문맥상 (A) natural resources가 논리적으로 뜻이 통한다.

3 지문에서 음영 처리된 문장의 핵심 정보를 가장 잘 나타낸 것은 아래 문장들 중 어느 것인가? *잘못된* 보기들은 중요한 의미를 바꾸거나 핵심 정보를 생략한다.
   (A) 만약 우리가 천연 자원을 고갈시키면, 더 많은 천연 자원을 얻을 수 있다.
   (B) 재생할 수 없는 천연 자원을 아끼는 것은 중요하지 않다.
   (C) 천연 자원을 전혀 사용하지 않는 것이 최선이다.
   (D) 어떤 천연 자원은 한정되어 있어서, 우리는 그것들을 보존해야 한다.

   ❷ 음영 처리된 문장의 핵심어들인 conserve, non-renewable resources, cannot get more를 가장 단순하게 그 의미를 잘 표현한 것은 (D)이다.

4 3단락에서 단어 wealth 와 의미가 가장 가까운 것은
   (A) 제품
   (B) 돈
   (C) 토지
   (D) 사업

   ❷ wealth 대신 보기의 단어들을 대입해 보면 products, money, business가 모두 의미상 통하기는 하지만, 그 뒤에 바로 rich라는 단어가 나오고 For example 다음에 나온 설명에서 구체적으로 money가 나오므로, (B)가 의미상 가장 유사하다.

5 지문에서 설명되지 않은 것은
   (A) 천연 자원은 지혜롭게 사용되어야 한다.
   (B) 천연 자원은 다양한 면에서 인간에게 필요하다.
   (C) 천연 자원은 나라들이 전쟁을 하는 이유이다.
   (D) 동식물 같은 생물은 재생 가능 자원이다.

   ❷ (A)와 (B)는 3~4째 줄에 나온 내용이고, (D)는 7~8째 줄에서 설명되고 있다. 그러나 (C)의 전쟁 관련 내용은 지문에 나오지 않는다.

● **COLLOCATION** / p.82

   정답 | 1. the second largest 두 번째로 가장 큰
        2. in order to ~하기 위해
        3. popular in ~에서 인기 있는
        4. speed up 속도를 높이다
        5. traded between ~사이에 거래되는
        6. cut them down 그것들을 베다
        7. large sheets of 거대한 층의
        8. At times 때때로
        9. used up 고갈된

PROGRESS TEST 1

PROGRESS TEST 1　　　　　　　　pp. 84-85

정답 | 1. (C)　 2. (B)　 3. (A)　 4. (D)　 5. (C)

알타미라 동굴 벽화

　스페인 북부 산악 지대에 선사시대 그림이 간직된 동굴 17개가 있다. 이 동굴들 중 가장 유명한 것은 알타미라 동굴이다. 그 동굴은 1868년 잃어버린 그의 개를 찾고 있던 한 사냥꾼에 의해 처음 발견되었다. 그러나 그 안에 있던 그림은 그 후 11년이 지날 때까지 발견되지 않았다.

　과학자들은 선사시대 인간들이 그 동굴 안에 거주했었지만, 동굴 입구 근처에서만 살았을 것이라고 믿는다. 그러나 그들은 약 1,000 미터 정도 길이의 그 동굴 전체 벽에 그림을 그렸다. 그 그림은 15,000년 이상 되었고 상태가 아주 좋기 때문에 특별하다. 그 그림들은 수천 년 전에 그 동굴의 입구를 완전히 막아버린 낙석에 의해 보호되었다. 그 동굴에는 사슴, 들소, 말들을 포함한 동물들을 그린 100점 이상의 그림이 있다. 그것들 중 대부분은 밝은 색으로 채색되어 있다. (그것을 그린) 화가들은 동물들이 입체적으로 보이도록 동굴 벽면의 천연 형태를 이용하기까지 했다.

　오늘날 그 동굴은 보존 목적으로 일반 대중에게 개방되지 않고 있다.

three-dimensional 입체적인

1 이 글의 주제는 무엇인가?
   (A) 대부분의 동굴 그림들은 화려한 색의 동물 그림들을 포함한다.
   (B) 알타미라 동굴은 1868년까지 돌들에 의해 숨겨져 있었다.
   (C) 스페인에 있는 한 동굴은 잘 보존된 선사시대 그림들로 가득하다.
   (D) 선사시대 그림들은 일반 대중으로부터 보호되어야 한다.

   ❷ 1단락에서는 알타미라 동굴이 어떻게 발견되었는지를, 2단락에서는 그 동굴 벽화의 위치 및 보존 상태에 대해, 그리고 3단락에서는 벽화의 보존 상태가 좋은 이유 및 소재에 대해 설명하고 있다. 그러므로 글 전체를 아우르는 주제는 (C)이다.

2 1단락에서 단어 it 이 가리키는 것은
   (A) 스페인 북부
   (B) 그 동굴
   (C) 잃어버린 그의 개
   (D) 그 그림

   ❷ 대명사 it 앞에 전치사 inside가 나오므로, '그 동굴 안'이라는 뜻이 되어야 문맥상 자연스럽다. 그러므로 답은 (B) the cave이다.

3 지문에서 단어 resided 와 의미가 가장 가까운 것은
   (A) 살았다
   (B) 작업했다
   (C) 숨겼다
   (D) 찾아보았다

   ❯ resided는 '거주했다, 살았다'라는 의미를 나타내므로, 역시 '살았다'라는 뜻의 (A) lived가 의미상 가장 가깝다.

4 지문에서 음영 처리된 문장의 핵심 정보를 가장 잘 나타낸 것은 아래 문장들 중 어느 것인가? 잘못된 보기들은 중요한 의미를 바꾸거나 핵심 정보를 생략한다.
   (A) 선사시대 사람들은 그들의 그림들이 그 동굴을 보호한다고 믿었다.
   (B) 그 화가들은 낙석 위에 그림을 그림으로써 그들의 그림을 보호했다.
   (C) 돌들이 그 바위 입구를 완전히 폐쇄해서 아무도 그 안에 들어갈 수 없었다.
   (D) 돌들이 그 동굴을 숨겼기 때문에, 그 그림들은 좋은 상태로 남아 있었다.

   ❯ 음영 처리된 문장의 핵심 어구는 paintings, protected by, rocks, covered up이므로, 문장의 기본 내용을 단순하게 가장 잘 표현한 것은 (D)이다.

5 지문에서 설명된 것은
   (A) 그 동굴 그림들 중 다수가 야생 동물들에 의해 파괴되었다.
   (B) 알타미라 동굴의 그림은 약 1,000년 정도 되었다.
   (C) 선사시대 그림은 스페인 북부의 많은 동굴들에서 발견되었다.
   (D) 알타미라 동굴의 그림들은 검은색과 흰색으로 그려졌다.

   ❯ 1~2째 줄에서 northern Spain, there are 17 caves containing prehistoric artwork라고 했으므로 (C)가 지문의 내용과 일치함을 알 수 있다. 낙석 덕분에 알타미라 동굴의 그림들이 보호 받았고, 그 그림들은 15,000년 정도 되었으며 밝은 색으로 채색되어 있다고 했으므로, (A), (B), (D)는 지문의 설명과 다르다.

PROGRESS TEST 1   pp.86-87

정답 | 6. (C)   7. (D)   8. (A)   9. (D)   10. (B)

여행, 과거와 현재

대부분의 사람들은 휴가 가는 것을 즐긴다. 어떤 사람들은 국내 여행을 하는 반면, 다른 사람들은 해외에 나간다. 그러나 즐거움을 위한 여행은 비교적 새로운 생각이다. 1841년에 Thomas Cook이라는 한 영국인이 세계 최초의 패키지 여행을 주선했다. 그것은 단지 11 마일을 여행한 570명을 위한 것이었다. 해를 거듭하며 그는 유럽, 이집트 그리고 미국으로의 관광 여행을 계획했다. 그의 관광 여행은 인기가 있었고, 그가 원래 토마스 쿡과 아들(Thomas Cook and Son)이라고 불렸던, 세계에서 가장 오래되고 큰 여행사들 중 하나를 창립하게 도와주었다.

지금은 매년 수백만 명의 사람들이 즐거움을 위한 여행을 즐긴다. 비행기의 발명 이래로 그것은 전보다 더 싸고, 더 빠르고, 더 편해졌다. 하지만 모든 여행자들이 비행기나 기차를 이용하지는 않는다. 어떤 사람들은 유람선을 타고 여행한다. 유람선은 떠 있는 별 다섯 개짜리 호텔처럼 매우 크고 호화로운 배이다. 유람선 승객들은 쾌적한 방과 일류 레스토랑들을 즐긴다. 유람선은 전세계 여러 다른 도시들에 정박하지만, 가장 인기 있는 목적지는 남유럽, 알래스카, 그리고 카리브해 지역이다.

abroad 해외에   **destination** 목적지

6 지문에서 주로 논하는 것은 무엇인가?
   (A) 과거와 현재의 인기 있는 여행 목적지
   (B) 기차나 배가 아니라 비행기를 타고 여행하는 것의 이점
   (C) 최초의 패키지 여행과 현재 사람들이 휴가 가는 방법
   (D) 유람선을 타고 여행하는 것이 점점 더 인기가 있어진 이유

   ❯ 1단락은 최초의 패키지 여행에 대한 이야기이고, 2단락은 비행기나 유람선 등을 타고 하는 오늘날의 여행에 관한 내용이다. 따라서 답은 (C)이다.

7 2단락에서 단어 it 이 가리키는 것은
   (A) 휴가 가는 것
   (B) 토마스 쿡과 아들
   (C) 비행기의 발명
   (D) 즐거움을 위한 여행

   ❯ 대명사 it을 포함한 문장을 읽은 다음 그 앞 문장들을 살펴보면, 더 싸고 더 빠르고 더 편해진 것이 (D)임을 알 수 있다.

8 2단락에서 단어 luxurious 를 대신하기에 가장 적합한 것은
   (A) 고급의
   (B) 유명한
   (C) 깨끗한
   (D) 국제적인

   ❯ luxurious의 뜻은 '호화스러운, 사치스러운'이므로, 그와 가장 비슷한 뜻을 가진 (A) fancy가 대체어로 적합하다.

9 지문에 따르면, 사실이 아닌 것은
   (A) 비행기의 발명 이후 여행이 더 싸졌다.
   (B) Cook의 관광 여행들은 아주 성공적이어서 그는 나중에 큰 회사를 시작했다.
   (C) 세계 최초의 패키지 여행을 한 사람들은 약 10마일을 여행했다.
   (D) 대부분의 사람들은 기차 여행보다 유람선 여행을 선호한다.

   ❯ (A)는 10~11째 줄에, (B)는 6~8째 줄에, (C)는 4~5째 줄에 설명되어 있다. 하지만 (D)는 지문 내용과 부합하지 않는다.

22 ACTIVATOR_READING

10 지문에서 음영 처리된 문장의 핵심 정보를 가장 잘 나타낸 것은 아래 문장들 중 어느 것인가? 잘못된 보기들은 중요한 의미를 바꾸거나 핵심 정보를 생략한다.
(A) 유람선 승객들은 여러 다른 도시로 여행하는 것을 좋아한다.
(B) 유람선 승객들은 남유럽, 알래스카, 그리고 카리브해 지역을 선호한다.
(C) 남유럽, 알래스카, 또는 카리브해 지역으로 여행을 가려면, 반드시 유람선을 타야 한다.
(D) 유람선은 남유럽, 알래스카, 그리고 카리브해 지역에 들른다.

▶ 음영 처리된 문장의 핵심 뜻은 but 뒤의 문장이므로, 유람선 승객들이 선호하는 목적지에 대해 설명한 (B)가 답이다.

• More to Know

Thomas Cook

1808년 영국에서 출생한 Thomas Cook은 침례교회 전도사 사역을 하던 중 금주집회를 성공적으로 열기 위해 특별열차 운행에 대한 승인을 받고 1인당 1실링으로 22마일을 왕복하는 특별열차운행을 실현시켰다. 이 단체 여행의 성공으로 그는 여행사를 만들어 그 당시 excursion agent라고 불렸던 최초의 여행업자가 되었다. 그는 값싼 비용으로 알찬 여행을 제공하기 위해 교통수단과 숙식을 포함한 여행 상품을 만들어 판매했고, 그것이 지금의 패키지 여행의 기틀이 되었다. 그의 회사는 1880년에 5개국어로 된 관광여행 가이드를 발행했고, 1890년에 여행 티켓 325만 장을 판매하는 실적을 올렸다. Thomas Cook이 여행업계에 가장 크게 기여한 점은 쿡의 법칙(Cook's principle)이라는 단체 할인요금제를 도입하면서 관광의 대중화를 위해 새로운 방향을 제시했다는 것이다.

CHAPTER 06

Rhetorical Purpose

INTRODUCTION

작가가 글을 쓴 목적이나 뜻하는 바를 효과적으로 전달하기 위해서 사용한 여러 가지 다른 표현 방식을 파악해야 하는 문제로, 주로 작가의 주요 의도나 목적, 또는 작가가 어떤 점을 특정 방법으로 지지하거나 강조한 이유를 묻습니다.

TYPICAL QUESTION TYPES

The author's main purpose in paragraph ____ is ____
____ 단락에서 작가의 주요 목적은

Why does the author mention ____ in paragraph ____?
왜 작가는 ____ 단락에서 ____을 언급하는가?

The author refers to ____ in the passage to indicate that
작가는 무엇을 나타내기 위해 지문에서 ____을 언급하는가

STRATEGIES

• 질문에 나온 author, mention, purpose 등의 단어를 보고 Rhetorical Purpose 문제 유형임을 빨리 파악하게 합니다.
• 문제에서 제시하는 단어가 단서이므로 이를 지문에서 찾아 전후의 문장을 살피고 글에서 역할을 파악하게 합니다. 예를 들어, "왜 작가는 2단락에서 cave painters 를 언급하는가?"라는 질문에서 핵심 단어는 cave painters입니다. 그러므로 cave painters가 포함된 문장 앞뒤 문장에서 단서를 찾아 보게 합니다.
• 글의 논리 전개 방식에 대한 표현인 설명(to explain), 예시(to give an example), 제시(to suggest), 비교(to compare), 대조(to contrast) 등을 이해하게 합니다.
• 질문의 보기와 지문의 내용을 하나씩 살펴보면서 정답을 찾게 합니다.

SAMPLE   p. 91

정답 | (D)   Check Up | special accessories

부나

대부분의 노르웨이 사람들은 부나를 가지고 있는데, 이것은 한 벌로 갖춰 입는 전통 의상이다. (부나는) 200개 이상의 다양한 종류가 있다. 노르웨이의 모든 지역에서는 몇몇의 부나를 가지고 있는데, 그것은 각기 고유한 색상, 재료, 그리고 무늬를 가지고 있다. 부나는 옷 한 벌 외의 것들도 있어 매우 비싸다. 모든 부나는 또한 특별한 장신구들도 포함한다. 이것들은 보통 은으로 만든 귀걸이, 단추, 핀들이다. 사람들은 흔히 결혼식과 다른 기념 행사에서 부나를 입는다. 노르웨이 국경일인 5월 17일에는 모든 사람이 부나를 입는다.

왜 작가는 지문에서 silver 를 언급하는가?
(A) 전형적인 부나의 색상의 예를 들기 위해서
(B) 얼마나 많은 종류의 부나가 있는지 보여주기 위해서
(C) 어떤 부나는 특별하다는 것을 제시하기 위해서
(D) 왜 부나가 비싼지 설명하기 위해서

▶ silver가 나온 문장 앞 부분에서 부나는 옷 한 벌 외의 것들도 있어 비싸다고 한 다음, '외의 것들'이 은으로 만든 장신구들임을 부연 설명하고 있으므로, (D)가 답이다.

STARTING UP   pp. 92-93

정답 | 1. (A)   2. (B)   3. (A)   4. (B)   5. (A)

작가가 음영 처리된 문장을 언급한 이유에 동그라미 하세요.

1 조각을 이어 만든 퀼트는 미국과 유럽에서 인기가 있다. 하지만, 폴리네시아 사람들 역시 퀼트를 만든다는 것을 아는 사람은 많지 않다. 폴리네시안 퀼트의 디자인은 창의적이고 아름답다. 미국에서 퀼트를 만드는 많은 사람들이 폴리네시안 퀼트를 갖고 싶어 한다.
(A) 폴리네시안 퀼트가 미국의 퀼트만큼 훌륭하다는 것을 보여주기 위해서
(B) 폴리네시안 퀼트의 디자인이 미국 퀼트의 디자인과 같다는 것을 제시하기 위해서

2 오스만 제국의 술탄(왕)들은 그들의 왕궁에 거대한 부엌들을 가지고 있었다. 이 부엌들은 왕가와 수천 명의 왕궁 시종들에게 음식을 제공했다. 모든 부엌을 수용하기 위해 몇 채의 건물이 필요했다. 17세기 즈음에, 몇몇 왕궁에는 천명 이상의 요리사들과 부엌 보조들이 있었다.
(A) 오스만 제국의 왕궁 부엌들을 비교하기 위해서
(B) 오스만 제국의 왕궁 부엌들이 컸다는 것을 강조하기 위해서

3 레게는 자메이카에서 시작된 음악의 한 종류이다. 그 리듬 때문에 많은 사람들이 그것을 좋아한다. Bob Marley는 레게를 세계적으로 인기 있게 만들었다. 그 후, 많은 유명 음악가들이 레게 음악을 만들기 시작했다. Eric Clapton의 노래들조차 레게의 영향을 받았다.
(A) 레게가 세계적으로 인기 있게 되었음을 보여주기 위해서
(B) Eric Clapton의 노래들과 Bob Marley의 노래들을 비교하기 위해서

4 이탈리아의 아주 초창기 피자는 현대 피자와 달랐다. 그것은 올리브기름과 허브를 위에 올린 납작하고 둥근 빵이었다. 탐험가들이 페루에서 유럽으로 토마토를 들여 왔을 때, 이탈리아인들이 그들의 납작한 빵에 토마토를 첨가했다. 이것이 최초의 현대 피자가 된 것이다. 오늘날 많은 사람들이 토마토가 없는 피자는 진정한 피자로 여기지 않을 것이다.
(A) 어떤 사람들은 그들의 피자에 토마토를 얹는 것을 좋아하지 않는다는 것을 제시하기 위해서
(B) 현대 피자에 있어 토마토의 중요성을 강조하기 위해서

5 St. Patrick은 성자로 존경 받았지만, 16세 전까지 종교인은 아니었다. 그의 가족은 부유했고, 그가 원하는 모든 것을 그에게 주었다. 16세 때, 그는 납치를 당해 노예가 되었다. 노예로 있는 동안, 그는 매우 고통 받았고 신을 믿기 시작했다. 그는 탈출한 후, 성경을 공부했다. 그는 많은 이교도들이 기독교인이 되도록 도왔다. 오늘날 사람들은 그가 사망한 날을 성 패트릭의 날로 기념한다.
(A) St. Patrick이 종교인이 되기 전과 후를 비교하기 위해서
(B) St. Patrick이 성자가 아니었다는 것을 제시하기 위해서

VOCABULARY   pp. 94-95

정답 |

- Write the meaning of each word in Korean.
  향 / John이 향을 피우자 그 향기가 공기를 가득 채웠다.
  광경 / 그 정원은 여름에 사랑스러운 광경이다.
  부적 / Liz는 그녀를 보이지 않게 만들 수 있는 부적을 받았다.
  여기다(생각하다) / Sue는 조깅이 그녀의 건강에 필수적이라고 생각한다.
  공연(연주)하다 / 연주자들과 가수들이 거리에서 공연했다.
  (단조로운) 노래 / 그 종족들은 병을 치료하기 위해 노래들을 사용했다.
  연회, 잔치 / 결혼식 연회에서 그 과일이 자주 제공된다.
  종교 / Brian은 기독교 안에서 자랐다.
  추수(기) / 그 농부들은 추수 후에 축하를 했다.
  (요리 속에 넣는) 소 / 그 만두에서 소가 빠져 나오고 있다.

- Match the definitions with the words.
  1-e   2-d   3-c   4-f   5-a   6-b

- Complete the sentences with the words below.
  1. incense   2. sight   3. feast
  4. performs   5. religions

  1 어떤 사람들은 추도식 동안 향을 태운다.
  2 우리의 긴 하이킹 후, 그 호수는 반가운 광경이었다.
  3 그 여왕의 생일에 큰 연회가 열렸다.
  4 그 기타 연주자는 거리에서 그녀 자신의 음악을 연주한다.
  5 그 남자와 여자는 두 개의 서로 다른 종교 출신이다.

BUILDING UP ❶   pp. 96-97

정답 | (B)   / p. 96

Fill in the blanks to complete the sentences.
1. banana leaves   2. wish   3. rises up

로이 끄라통

로이 끄라통은 태국의 축제이다. 사람들은 바나나잎으로 바구니를 만들어 그것을 호수나 강으로 가져간다. 초, 향, 꽃, 동전들이 그 안에 놓인다. 사람들은 초와 향에 불을 붙인 후, 그들의 바구니를 물에 띄우고 소원을 빈다.

같은 날 밤에 태국 북부의 사람들은 또 다른 축제인 이펭도 축하한다. 그들은 대나무와 라이스페이퍼(질이 좋은 얇은 종이)로 만든 등을 산다. 등의 초가 켜지면, 그 등은 하늘로 올라간다. 빛나는 등들은 잊지 못할 광경이다!

왜 작가는 2단락에서 an unforgettable sight 을 언급하는가?
(A) 점화된 등불은 위험하다는 것을 제시하기 위해서
(B) 이펭 축제의 굉장한 아름다움을 나타내기 위해서

(C) 로이 끄라통에서 비는 소원의 예를 들기 위해서
(D) 로이 끄라통과 이펭의 차이를 알려주기 위해서

▶ an unforgettable sight는 이펭 축제를 설명하는 2단락의 마지막 부분이므로, 이펭 축제의 등 날리기 행사에서 볼 수 있는 빛나는 등들이 하늘로 날아오르는 광경이 기억에 오래 남을 만큼 아름답다는 것을 나타내기 위해 쓰였음을 알 수 있다.

정답 | (B) / p.97

Fill in the blanks to complete the sentences.
1. charm   2. hedgehogs   3. soldiers

행운의 부적

 행운의 부적은 행운을 가져온다고 믿어지는 물건들이다. 네잎 클로버 같은 몇몇 부적들은 전 세계에 알려져 있다. 그러나 다른 것들은 덜 흔하다. 예를 들어, 폄섭은 '엄지 손가락을 치켜 드는' 신호를 하고 있는 작은 아기 모양이다. 그것들은 보통 나무로 된 머리와 금속으로 된 몸체를 가지고 있다.
 과거에는 많은 행운의 부적들이 동물들과 연관되어 있었다. 고대 이집트에서는 고슴도치가 달린 목걸이가 운이 좋다고 여겨졌다. 그리고 고대 유럽에서는 병사들이 행운의 부적으로 작은 금속 돼지를 헬멧에 달았다.

작가는 무엇을 나타내기 위해 1단락에서 four-leaf clovers 를 언급하는가
(A) 행운의 부적은 그것을 지닌 사람들에게 행운을 가져온다.
(B) 몇몇 행운의 부적은 대부분의 사람들에게 친숙하다.
(C) 모든 행운의 부적이 동물과 관계된 것은 아니다.
(D) 여러 가지 행운의 부적이 많이 있다.

▶ four-leaf clovers 앞뒤에서 행운의 부적들 중 잘 알려진 것들도 있다고 했고, 삽입구로 such as와 함께 사용되었으므로, (B)가 답이다.

BUILDING UP 2   pp.98-99

정답 | 1. (D)   2. (C) / p.98

Write the answer.
The traditional hula is danced to a chant. The Westernized hula is danced to a ukulele.

훌라춤

 훌라춤은 유명한 하와이 춤이다. 그 춤은 팔과 몸의 움직임을 통해 이야기를 하는데 사용된다. 그 기원에 대해서는 두 가지 서로 다른 전설이 있다. 한 전설은 Laka라는 여신이 그것을 만들었다고 말한다. 나머지 전설은 화산의 여신 Pele가 화를 내자, 그 여동생이 그녀를 진정시키기 위해 훌라춤을 추었다고 말한다.
 신교도들이 하와이에 왔을 때, 그들은 하와이 사람들이 훌라춤을 추는 것을 허용하지 않았다. 그러나 많은 하와이 사람들이 몰래 훌라춤을 추었고, 그것은 다시 인기를 얻었다. 오늘날에는 고전풍의 훌라춤과 서구화된 훌라춤이 있다. 고전풍의 훌라춤은 노래에 맞춰 추는 것이다. 서구화된 훌라춤은 우쿨렐레에 맞춰 춘다. 안타깝게도, 고전풍의 훌라춤은 더 이상 그렇게 많이 추지 않는다. 더 자주 볼 수 있어야 하는 데 매우 안타깝다.

Protestant 신교도

1 작가는 무엇을 나타내기 위해 two goddesses, Laka and Pele 를 언급하는가
(A) 훌라춤이 그 여신들을 행복하게 만들었다.
(B) 하와이에는 많은 여신들이 있다.
(C) 하와이 사람들은 신앙심이 매우 깊다.
(D) 훌라춤이 어떻게 시작되었는지에 대해 서로 다른 이야기들이 있다.

▶ 1단락에서 훌라춤의 기원에 대한 두 가지 전설을 설명하면서 Laka와 Pele 두 여신을 언급하고 있다.

2 2단락에서 작가의 주요 목적은
(A) 신교도들이 왜 하와이 사람들이 훌라춤을 추는 것을 허용하지 않았는지 설명하기 위해서
(B) 하와이 사람들이 어떻게 훌라춤을 발전시켜왔는지 보여주기 위해서
(C) 시간이 흐르면서 훌라춤이 어떻게 변해왔는지 보여주기 위해서
(D) 서구화된 훌라춤이 더 나은 스타일이라는 것을 제시하기 위해서

▶ 신교도들이 하와이에 도착한 후 금지되었던 훌라춤이 다시 인기를 얻게 되었고, 또 고전풍의 훌라춤은 이제 거의 찾아볼 수 없게 되었다는 점을 설명하고 있으므로, 작가가 세월의 흐름과 함께 달라진 훌라춤에 대해 설명하기 위해 2단락을 썼다는 것을 알 수 있다.

정답 | 1. (C)   2. (A) / p.99

Write the answer.
It is celebrated on the fourth Thursday of November.

추수 감사절

 최초의 추수 감사절은 1621년 가을에 3일 간의 축제로 행해졌다. 그러나 그 당시의 축제는 실제로 감사 행사는 아니었다. 식민지 주민들은 축하 행사를 통해 왕파노아그 족(북미 인디언의 일족)에게 그들의 종교를 소개했던 것이다. 이들 아메리카 원주민들은 매사추세츠에 살았고, 식민지 주민들이 겨울을 견디고 살아 남도록 도와주었다. 그 아메리카 원주민들은 옥수수와 칠면조를 그 축하 행사에 가져왔고, 그것이 1623년에 추수절 축제가 되었다.
 오늘날 추수 감사절은 친구들 및 가족들과 함께 축하된다. 그것은 11월의 네 번째 목요일에 아주 성대한 저녁 만찬과 함께 축하된다. 큰 구운 칠면조와 (칠면조 안에 넣는) 소, 으깬 감자, 깍지 콩, 그리고 호박 파이가 식탁에 오른다. 이것들은 전통적인 추수 감사절 요리들이지만, 다른 요리들도 많다. 추수 감사절 저녁을 먹는 것은 몇 킬로그램의 몸무게를 늘이는 좋은 방법이다.

1 왜 작가는 1단락에서 religion 을 언급하는가?
   (A) 식민지 주민들이 무엇에 감사했는지 제시하기 위해서
   (B) 최초의 추수 감사절이 얼마나 오래 계속되었는지 보여주기 위해서
   (C) 최초의 추수 감사절이 왜 열렸는지 설명하기 위해서
   (D) 추수 감사절이 왕파노아그 족에서 유래했다는 것을 지적하기 위해서

   ● 1단락의 not really a Thanksgiving event, introducing their religion을 통해 최초의 추수 감사절은 현재 우리가 알고 있는 추수 감사절의 의미와는 전혀 다른 이유로 열렸음을 알 수 있다.

2 작가는 무엇을 나타내기 위해 2단락에서 a few kilograms 를 언급하는가
   (A) 추수 감사절 저녁 만찬은 양이 매우 많은 식사이다.
   (B) 추수 감사절 저녁 만찬은 준비하는 데 오랜 시간이 걸린다.
   (C) 추수 감사절 저녁 만찬은 오직 친구들 및 가족들과 같이 한다.
   (D) 오늘날 추수 감사절 저녁 만찬은 최초의 추수 감사절 저녁 만찬보다 더 좋다.

   ● a few kilograms 자체가 단서이며, 전 문장에 언급된 a very large dinner와 만찬 요리들을 통해, (A)가 답임을 알 수 있다.

CHALLENGE TOEFL iBT®　　　　　　　　　　pp.100-101

정답 | 1. (B)　2. (C)　3. (D)　4. (C)　5. (B)

킹스 데이

1885년 네덜란드에 새로운 공휴일이 만들어졌다. 그것은 프린세스 데이로 불렸다. 그것은 매년 Wilhelmina(빌헬미나) 공주의 생일인 8월 31일에 지켜졌다. Wilhelmina 공주가 여왕이 되자, 그 공휴일의 이름은 퀸스 데이로 바뀌었다. 그 후 Wilhelmina 여왕의 딸 Juliana(율리아나)가 여왕이 된 뒤, 그 공휴일은 그녀의 생일인 4월 30일로 변경됐다. 오늘날 그 공휴일은 Wilhelm-Alexander(빌럼 알렉산드로) 왕을 기리는 킹스 데이로 알려져 있고, 4월 27일에 지켜진다.

이 축제날에는 모든 사람이 오렌지 색 옷을 입는데, 이는 네덜란드 국가 색이다. 축제 행사는 킹스 나잇으로 알려진 전날 밤부터 시작해 다음 날까지 계속된다. 거리에는 음악과 춤이 있고, 도시의 운하들은 장식된 보트들로 가득해 진다. 또한 누구나 물건을 사고 팔 수 있는 거대한 시장도 선다. 가장 큰 킹스 데이 축제 행사는 암스테르담에서 열린다. 매년 백만 명에 이르는 여행객들이 그 파티에 참석한다.

1 지문에서 주로 논하는 것은 무엇인가?
   (A) 퀸스 데이가 킹스 데이로 바뀐 이유
   (B) 한 네덜란드 공휴일의 역사와 전통
   (C) 네덜란드 사람들이 새 왕이나 왕비를 축하하는 방법
   (D) 유럽 전체에서 가장 인기 있는 공휴일들

   ● 네덜란드 킹스 데이의 유래와 세부적인 축제 행사들에 대해 설명하는 글이므로, (B)가 답이 된다. (A)는 지문의 일부만 나타내며, (C)와 (D)는 지문에 언급되지 않았다.

2 1단락에서 작가의 주요 목적은
   (A) 그 공휴일에 벌어지는 다양한 유형의 행사들을 보여주기 위해서
   (B) 왜 사람들이 그 공휴일에 오렌지 색을 입는지 설명하기 위해서
   (C) 세월이 흐르면서 그 공휴일이 어떻게 변했는지 알려주기 위해서
   (D) 몇몇 다른 나라들의 유사한 공휴일들을 비교하기 위해서

   ● 1단락에서 원래 프린세스 데이였던 공휴일이 어떤 경로로 그 이름과 날짜가 바뀌어 왔는지 설명하고 있으므로, (C)가 답이다.

3 2단락에서 단어 enormous 와 의미가 가장 가까운 것은
   (A) 비싼
   (B) 독특한
   (C) 인기 있는
   (D) 거대한

   ● enormous는 '막대한, 엄청난'이라는 뜻이므로, '거대한, 엄청나게 큰'이라는 뜻의 huge가 동의어이다.

4 왜 작가는 2단락에서 tourists 를 언급하는가?
   (A) 킹스 데이가 얼마나 많이 변했는지에 초점을 맞추기 위해서
   (B) 그 시장이 모두에게 열려 있다는 것을 나타내기 위해서
   (C) 그 공휴일의 인기를 강조하기 위해서
   (D) 킹스 데이가 왜 암스테르담에서 열리는지 설명하기 위해

   ● tourists 앞뒤에서 많은 사람들이 암스테르담에서 열리는 킹스 데이 파티에 참가한다고 했으므로, (C)가 답임을 알 수 있다.

5 다음 중 그 공휴일에 대해 사실이 아닌 것은
   (A) 사람들은 그 전날 밤에 그것을 축하하기 시작한다.
   (B) 보트 위에서 음악과 춤이 펼쳐진다.
   (C) 그것의 가장 큰 축하행사가 암스테르담에서 열린다.
   (D) 원래 프린세스 데이라고 불렸다.

   ● 12째 줄에서 music and dancing in the streets라고 했으므로, 사실과 다른 것은 (B)이다.

● **COLLOCATION**　/ p.102

　정답 | 1. believe in ~을 믿다
　　　　2. make a wish 소원을 빌다
　　　　3. in secret 몰래
　　　　4. related to ~에 관련된
　　　　5. in honor of ~을 기념하여, ~에 경의를 표하여
　　　　6. a good way 좋은 방법
　　　　7. rises up 올라가다
　　　　8. survive through ~을 견디다, ~에서 살아남다
　　　　9. filled with ~으로 가득 찬

CHAPTER 07

Inference

INTRODUCTION
지문의 내용을 바탕으로 추론할 수 있는 내용을 찾는 문제입니다. 지문에는 언급되어 있지 않지만, 함축되어 숨겨진 의미를 논리적으로 추론해야 합니다. 이때 자신의 생각은 배제하고 지문에 제시된 사실에 근거를 두어야 합니다.

TYPICAL QUESTION TYPES

What can be inferred about ... in the passage?
지문에서 …에 대해 무엇을 추론할 수 있는가?

It can be inferred from paragraph _____ that _____
_____ 단락에서 추론할 수 있는 것은

According to paragraph _____, what can be inferred about ...?
_____ 단락에 따르면, …에 대해 무엇을 추론할 수 있는가?

STRATEGIES
- 문제에서 유사한 뜻을 가진 단어들과 더불어 inferred, probably 등의 단어가 나오면 추론 문제로 보고, 지문의 사실적인 내용을 정확하게 이해하게 합니다.
- 한 문장, 한 단락 또는 전체 지문에서 추론하는 문제가 나올 수 있으므로 전체 지문의 흐름을 파악하게 합니다.
- 문제에서 단서를 제시해 주는 단어들을 찾아 그것들이 사용된 특정 단락을 검토해 보게 합니다. 예를 들어, '3단락에 따르면, 회색 늑대에 대해 무엇을 추론할 수 있는가?'라는 문제가 나오면, 3단락에서 단서가 되는 '회색 늑대'라는 말을 찾아 그 말을 포함한 문장을 다시 읽어보고 답을 유추해 보게 합니다.
- 지문의 내용과 다른 내용이나 언급되지 않은 내용은 답이 아니므로 제외하고, 보기에서 가장 논리적인 추론을 답으로 선택하게 합니다.

SAMPLE p.105

정답 | (C)   Check Up | natural heating, warm

녹색 건축
녹색 건축은 우리 행성(지구)에 해를 끼치지 않는 건물을 디자인하고 짓는 것이다. 그 건물들은 친환경 재료로 만들어진다. 예를 들어, 나무 대신 대나무가 사용된다. 이것은 대나무가 나무보다 재성장 속도가 더 빠르기 때문이다. 또한 재활용 자재도 흔하게 사용된다. 녹색 건축은 또한 에너지를 절약해 준다. 건축가들은 건물들에 큰 창들을 달아서 자연 난방 공급원을 이용한다. 이것은 그 건물들의 따뜻한 온도를 유지하는 데 전기나 화석연료가 덜 필요하다는 뜻이다. 그 건물들은 단열도 잘 되어 있어야 한다. 방출되는 열이 적으면, 더 적은 에너지가 사용될 것이다.

지문에서 언급된 큰 창들에 대해 무엇을 추론할 수 있는가?
(A) 거주자들에게는 인기가 있지만 환경에는 좋지 않다.
(B) 대나무로 만들어진 건물에는 사용될 수 없다.
(C) 햇빛이 건물에 들어와 온도를 높일 수 있게 해 준다.
(D) 가능한 한 많은 열이 방출되도록 디자인되어 있다.

◉ large windows가 conserve energy하는 녹색 건축의 예로 제시되면서, take advantage of natural heating sources라고 했으므로, 자연 난방 공급원인 햇빛이 건물 내부 온도를 높일 수 있도록 해 준다는 (C)가 답이다.

STARTING UP pp.106-107

정답 | 1. (B)   2. (B)   3. (A)   4. (B)   5. (A)

올바른 추론을 내린 문장에 동그라미 하세요.

1 오존층은 해로운 태양 광선으로부터 지구를 보호한다. 그러나 현재 오존층에 구멍들이 나 있다. 이 구멍들은 염화불화탄소(CFCs)에 의해 만들어졌다. 냉장고와 스프레이 통이 그것들을 만든다. 1994년에 염화불화탄소 사용이 금지되었다. 그 이후로, 오존층의 구멍들은 작아지고 있는 듯하다.

chlorofluorocarbon 염화불화탄소

(A) 염화불화탄소가 대기 저층에 머무른다면 위험하지 않다.
(B) 현재 다른 물질들이 냉장고와 스프레이 통에 사용되고 있다.

2 북극국립야생동물보호구역(ANWR)은 미국 알래스카에 위치해 있고, 거의 8만 평방 킬로미터에 달한다. ANWR가 법에 의해 보호받고는 있지만, 어떤 사람들은 ANWR 내에서 석유 시추를 하고 싶어한다. 그들은 이것이 정부에 수십억 달러의 수익을 가져올 것이라고 주장한다. 하지만 다른 이들은 자연을 보호하는 것이 수익을 올리는 것보다 더 중요하다고 믿는다.

(A) 과거에 미국 정부는 ANWR 내에서 석유 시추하길 원했다.
(B) 어떤 사람들은 석유 시추하는 것이 ANWR에 해를 끼칠 것이라 생각한다.

3 산사태는 대량의 토양과 돌이 산 아래로 미끄러져 내려오는 것이다. 지진이나 폭설이 산사태를 일으킬 수 있다. 땅이 불안정하면, 산사태가 일어날 가능성이 더 많다. 산사태는 나무가 많이 베어진 후 토양 침식으로 인해 일어날 때도 있다. 산사태는 또한 대규모 건설 프로젝트에 의해 일어날 수도 있다.

(A) 인간은 때때로 산사태를 일으킨다.
(B) 산은 스스로를 지탱할 만큼 견고하지 않다.

4 세계지연기금(WWF)은 세계에서 가장 큰 환경 단체이다. 그것은 전 세계에 수백만 명의 지원자들과 약 1,000개의 프로젝트를 가지고 있다. 그 단체의 기금 중 50% 이상이 개인들에 의해 기부되었다. 20% 미만의 기금이 정부에서, 그리고 10% 미만의 기금이 기업에서 나온다. 그것의 주요 목표는 인간이 자연과 조화롭게 살아가도록 장려하는 것이다.
   (A) WWF는 기금의 절반 이상을 국제적인 프로젝트에 사용한다.
   (B) WWF는 재정 지원 면에서 정부보다 일반인들에게 의존하고 있다.

5 사람들은 건강을 유지하기 위해 깨끗한 공기를 필요로 한다. 우리가 흔히 외부의 공기 오염에 대해 걱정하지만, 실내 공기 오염도 큰 문제이다. 식물은 여러분 가정의 실내 공기를 깨끗하게 유지시키는 훌륭한 방법이다. 그것들은 공기 안에 있는 유해한 화학 물질의 양을 줄이고, 깨끗한 산소의 양을 증가시킨다. 전문가들은 집의 모든 방에 식물을 키울 것을 제안한다.
   (A) 인간에게 해를 끼치는 몇몇 화학 물질은 식물에게 해를 끼치지 않는다.
   (B) 유해한 화학 물질을 가지고 있는 몇몇 식물이 있다.

VOCABULARY pp.108-109

정답 |

● Write the meaning of each word in Korean.
효율적인 / 이것은 신입 사원들을 훈련하는 효율적인 방법이다.
재생 가능한 / 태양 에너지는 재생 가능한 에너지원이다.
작물 / 쌀은 수출용으로 재배되는 주요 작물이다.
영향을 미치다 / 그 질병은 주로 장년층에 영향을 미친다.
요구하다 / Paul은 그 상점에 전액 환불을 요구했다.
오염시키다 / 그 남자는 그 도시의 식수를 오염시키려고 했다.
수송하다 / 기차가 그 석탄을 전국에 수송했다.
없애다 / Ann은 철자 오류를 없애려고 그녀의 리포트를 재확인했다.
포식자 / 도마뱀은 포식자에게서 도망치기 위해 그들의 꼬리를 떼어버린다.
생존 / 그 약은 환자들에게 더 나은 생존 가능성을 제공해 주었다.

● Match the words with their synonyms.
1-e   2-a   3-f   4-c   5-b   6-d

● Complete the sentences with the words below.
1. survival   2. demanded   3. predators
4. eliminates   5. efficient

1 물이 거의 바닥나서 그 남자의 생존 가능성은 낮았다.
2 Samantha는 그 매니저를 당장 보겠다고 요구했다.
3 사자, 호랑이, 늑대들은 포식자들이다.
4 새로 개발된 이 청소용품은 세균을 없앤다.
5 그 도시의 지하철 시스템은 유럽에서 가장 효율적인 것들 중 하나이다.

BUILDING UP ❶ pp.110-111

정답 | (C) / p.110

Fill in the blanks to complete the sentences.
1. species   2. prevent   3. carbon dioxide

숲

숲은 나무가 많은 지역이다. 여러 종의 동식물이 숲에 산다. 숲은 토양이 빗물을 흡수하도록 도움으로써 침식을 줄이고 홍수를 막아 준다. 숲은 또한 공기 중의 이산화탄소 양을 감소시킨다. 이산화탄소 수치가 높으면 지구 온난화가 일어날 수 있기 때문에 이것은 중요하다. 그러므로 숲은 사람들과 환경 모두를 보호해 준다.

지문에서 숲에 대해 무엇을 추론할 수 있는가?
(A) 너무 많은 이산화탄소를 소모한다.
(B) 많은 양의 물을 소비한다.
(C) 물의 순환에 이롭다.
(D) 자주 물에 잠긴다.

❯ 4째 줄 helping soil absorb rainwater에서 숲이 하늘과 땅 사이에서 물이 잘 순환되도록 해 주는 역할을 한다는 것을 유추할 수 있다.

정답 | (B) / p.111

Fill in the blanks to complete the sentences.
1. burning   2. charcoal   3. less, renewable

바이오 연료

바이오 에너지는 천연 소재들을 태워 나오는 에너지이다. 이런 소재들은 바이오 연료라고 불린다. 나무와 숯이 전통적인 바이오 연료들이다. 사람들은 그들의 가정에 난방을 하고, 음식을 조리하기 위해 수백 년 동안 그것들을 태워왔다. 그러나 그것들은 공기를 오염시키고, 사람들이 나무를 벌목하도록 만든다. 오늘날, 과학자들은 좀 더 효율적인 바이오 연료를 발견하고 있다. 이 새로운 바이오 연료들은 재생 가능하며, 연소할 때 공기를 덜 오염시킨다. 그것들은 풀과 이끼, 그리고 옥수수와 사탕수수 같은 작물들을 포함한다.

지문에서 전통적인 바이오 연료들에 대해 무엇을 추론할 수 있는가?
(A) 새로운 바이오 연료들보다 더 많은 에너지를 창출한다.
(B) 친환경적이지 않다.
(C) 공기 오염 방지에 도움이 된다.
(D) 대부분의 나라에서 불법이다.

❯ traditional biofuel인 나무와 숯이 pollute the air and require people to cut down trees라고 했으므로, 이런 전통적인 바이오 연료들이 환경에 유해하다는 사실을 유추할 수 있다.

BUILDING UP ❷

pp.112-113

정답 | 1. (C)   2. (D)   / p.112

Write the answer.
We can choose locally grown items and eat a variety of fresh fruits and vegetables.

우리 식습관의 영향

요즘 사람들은 그들이 먹는 식품에 세심한 주의를 기울인다. 그러나 그들은 식품이 어떻게 그들의 건강에 영향을 미치는지에 대해서만 걱정한다. 그들은 그들의 식습관이 환경 또한 해칠 수 있다는 것을 깨닫지 못하고 있다.

소비자들은 많은 칼로리를 함유한 값싼 식품을 요구한다. 이런 요구를 충족시키기 위해, 농부들은 주로 옥수수나 콩을 재배한다. 그러나 한 가지 작물만 재배하는 것은 토양에 좋지 않다. 그래서 농부들은 다량의 비료를 사용해야 한다. 이것은 동물들에게 해를 끼치고 물을 오염시킨다.

사람들은 또한 멀리 떨어진 곳에서 재배되거나 생산되는 식품을 원한다. 이런 식품은 아주 먼 거리를 운반되어야 하는데, 그것은 공해를 유발한다. 여러분이 친환경적 식습관을 원한다면, 여러 신선한 과일과 채소를 포함한 현지에서 기른 식품들을 선택하라. 이것이 여러분의 몸과 지구 모두 건강하게 지킬 수 있을 것이다.

fertilizer 비료

1 2단락에서 추론할 수 있는 것은
 (A) 오늘날 농부들은 비료를 덜 사용하고 있다.
 (B) 저칼로리 작물들은 토양을 해친다.
 (C) 옥수수와 콩은 소비자 요구에 부합한다.
 (D) 너무 많은 종류의 작물들이 재배되고 있다.

 ➲ 소비자들이 값싸고 칼로리가 많은 식품을 요구하는 데, 이런 요구를 충족시키기 위해 재배되는 것이 옥수수나 콩이라고 했으므로, 이 두 작물이 소비자의 요구에 부합된다는 것을 추론할 수 있다.

2 3단락에서 무엇을 추론할 수 있는가?
 (A) 식품 운반비는 과거보다 현재가 덜 든다.
 (B) 외국에서 수입하는 식품에 대한 수요가 감소하고 있다.
 (C) 친환경 식품이 더 맛있다.
 (D) 수입 식품은 환경에 부정적인 영향을 미칠 수 있다.

 ➲ 8째 줄의 This food가 food that is grown or produced far away를 가리키며, 이런 식품이 공해를 유발한다고 했으므로, 수입 식품이 환경에 해를 끼칠 수 있다는 (D)를 추론할 수 있다.

정답 | 1. (A)   2. (B)   / p.113

Write the answer.
They knock them over and eat them.

히롤라를 구하는 방법

히롤라는 길고 날카로운 뿔을 가진 갈색 영양이다. 그것은 케냐와 소말리아에 서식하지만, 500마리도 남아있지 않다. 과거에는 약 15,000마리의 히롤라가 있었지만, 그 중 대부분이 1980년대 치명적인 바이러스에 의해 죽임을 당했다. 과학자들은 1990년대에 그 바이러스를 없앴지만, 히롤라의 개체수는 그 이후로 늘지 않았다.

가장 큰 문제는 히롤라가 먹는 풀의 부족이다. 이것은 부분적으로 현지 코끼리 개체수가 사냥꾼들에 의해 감소했기 때문이다. 코끼리는 나무들을 쓰러뜨려 그것들을 먹는다. 코끼리가 없으면, 그 나무들은 초원까지 퍼져 풀의 양을 감소시킨다. 전문가들은 코끼리 보호가 그 나무들이 퍼지는 것을 막을 것으로 믿는다. 이것이 풀의 양을 늘려 히롤라 개체수를 증가시킬 수 있을 것이다.

1 1단락에 따르면, 히롤라에 대해 무엇을 추론할 수 있는가?
 (A) 더 이상 치명적인 바이러스에 의해 고통 받지 않는다.
 (B) 1980년대에 케냐에서 소말리아로 옮겨왔다.
 (C) 1990년대에 그 개체수가 급격히 증가했다.
 (D) 그것의 길고 날카로운 뿔은 사냥에 사용된다.

 ➲ 1980년대 히롤라 개체수를 급감시킨 치명적인 바이러스를 1990년대에 제거했다고 했다. 그러므로 히롤라가 더 이상 바이러스의 피해를 입지 않는다는 내용인 (A)를 유추할 수 있다.

2 2단락에서 추론할 수 있는 것은
 (A) 코끼리가 히롤라를 인간 사냥꾼들에게서 보호한다.
 (B) 코끼리와 히롤라는 동일한 서식지를 공유한다.
 (C) 전문가들은 현지 풀의 양을 늘리려고 노력했다.
 (D) 초원에 더 이상 어떤 나무도 남아 있지 않다.

 ➲ 2단락에서 코끼리가 먹는 나무와 히롤라가 먹는 풀의 상관 관계에 대해 설명하고 있으므로, 이들의 서식지가 동일함을 알 수 있다.

● **More to Know**

Hirola 히롤라

케냐 북동부와 소말리아 남서부에 서식하는 세계에서 가장 희귀한 영양 중 하나로 몸길이가 1.2~2m, 몸무게가 80~118kg 정도이다. 목이 짧고 다리가 길며 털빛은 연한 갈색인데, 수컷은 나이가 들면서 회색빛이 강해진다. 눈 둘레에 흰 반점이 있고, 눈 아래 분비샘이 있는데, 흥분하면 이 분비샘이 커져서 '네눈영양'이라고 불리기도 한다. 히롤라는 주로 이른 아침과 저녁에 활동하며, 식성이 까다로워 새로 자란 짧은 풀만 먹고 오랜 기간 동안 물을 마시지 않아도 살아남을 수 있다. 전 세계 개체수는 300~500 마리로 추정되며, 사육 상태의 히롤라는 없고 야생 히롤라의 개체수는 지속적으로 감소하고 있어서, 아프리카 대륙에서 멸종한 최초의 포유류 속이 될 수 있는 위험에 처해 있다.

CHALLENGE TOEFL iBT®   pp.114-117

정답 | 1. (C)   2. (D)   3. (C)   4. (B)   5. (C)   6. (A)

어류 남획

어류 남획은 오늘날 우리 대양에 직면한 가장 큰 문제들 중 하나이다. 그것은 한 특정 어종을 지나치게 많이 잡는 행위이다. 일단 한 어종의 개체수가 너무 낮아지면, 회복하는 것이 불가능해 질 수 있다.

단일 어종에 해를 끼치는 것 이외에도, 어류 남획은 생태계 전체의 균형을 깨뜨릴 수 있다. 예를 들어, 해파리의 수가 빠르게 증가하고 있다. 이것은 그것들의 천적들이 남획되어왔기 때문이다. 어류 남획은 또한 인간에게도 부정적인 영향을 미친다. 어떤 공동체들은 어업에 생존을 의지하고 있다. 어류 남획 때문에, 이런 공동체에 속한 사람들은 그들의 가족을 부양하는 데 필요한 돈을 벌 능력을 상실한다.

어류 남획을 방지하기 위해 할 수 있는 일이 몇 가지 있다. 첫째, 정부는 잡을 수 있는 물고기의 수를 제한해야 한다. 둘째, 대양의 어떤 구역들에서는 어업이 금지되어야 한다. 마지막으로, 멸종 위기에 처한 종의 개체수를 늘이기 위해 양식장들을 이용할 수 있다. 바라건대 우리의 대양을 구하기에 너무 늦지 않았으면 좋겠다.

ecosystem 생태계

1 이 글의 주제는 무엇인가?
(A) 어류 남획 때문에 해파리의 수가 위험할 정도로 증가했다.
(B) 정부는 어류 남획을 감소시키기 위한 조치를 성공적으로 취했다.
(C) 어류 남획은 중단되어야만 하는 심각한 환경 위협이다.
(D) 양식장들은 물고기 개체수의 균형을 유지하기 위해 어류 남획에 의존한다.

❯ 지문을 훑어 보면 어류 남획이 미치는 해를 구체적으로 설명한 다음, 그것을 방지해야 한다고 주장하고 있으므로 (C)가 답이다.

2 1단락에서 단어 recover 와 의미가 가장 가까운 것은
(A) 줄어들다
(B) 발견하다
(C) 측정하다
(D) 회복하다

❯ recover는 '회복하다'라는 뜻으로 (D) heal이 가장 가까운 의미를 갖고 있다.

3 2단락에서 단어 their 가 가리키는 것은
(A) 단일 어종
(B) 생태계 전체
(C) 해파리
(D) 천적들

❯ their 앞에 나온 복수 명사들 중 natural predators의 남획으로 개체수에 영향을 받는 것은 jellyfish이므로, (C)가 정답이다.

4 왜 작가는 2단락에서 Some communities 를 언급하는가?
(A) 어류 남획이 자주 발생하는 이유를 설명하기 위해서
(B) 어류 남획에 의해 인간이 어떻게 해를 입는지 보여주기 위해서
(C) 어류 남획이 쉽게 저지될 수 있다는 것을 제시하기 위해서
(D) 균형이 깨진 생태계의 영향에 초점을 맞추기 위해서

❯ Some communities 앞에서 인간에게 부정적인 영향을 미치는 어류 남획에 대해 언급했고, 또 그 뒤에서 어업으로 생계를 잇고 있는 사람들이 어류 남획으로 가족의 생계를 책임질 수 없게 되는 상황을 부연 설명하고 있으므로, 답은 (B)이다.

5 지문에서 음영 처리된 문장의 핵심 정보를 가장 잘 나타낸 것은 아래 문장들 중 어느 것인가? 잘못된 보기들은 중요한 의미를 바꾸거나 핵심 정보를 생략한다.
(A) 어류 남획으로 돈을 벌 수 있는 능력이 사람들의 가족을 먹여 살리도록 돕는다.
(B) 어류 남획은 사람들이 돈을 벌어 그들의 가족을 먹여 살릴 수 있도록 돕는다.
(C) 어류 남획 때문에 사람들은 그들의 가족을 먹여 살릴 수 없다.
(D) 사람들은 그들의 가족을 먹여 살릴 돈이 더 필요해서 어류를 남획한다.

❯ 음영 처리된 부분의 핵심어들인 overfishing, lose their ability, to feed their families를 가지고 내용에 맞게 간추린 내용은 (C)이다.

6 지문에서 추론할 수 있는 것은
(A) 대양의 어떤 구역들은 다른 구역들보다 어류 남획의 영향을 더 받는다.
(B) 양식장들은 어류 남획의 주요 원인들 중 하나이다.
(C) 해파리는 사람들이 먹는 많은 물고기의 천적이다.
(D) 물고기 개체수가 크게 증감하는 것은 자연스러운 일이다.

❯ 3단락에서 제시된 어류 남획 방지책들 중 대양의 어떤 구역들에서는 어업을 중지시켜야 한다고 했으므로, 대양 중에서도 어류 남획에 의한 피해가 더 심한 구역이 있음을 유추할 수 있다.

● **COLLOCATION**   / p.118

정답 | 1. be able to ~할 수 있다
2. great distances 먼 거리
3. pay close attention 세심한 주의를 기울이다
4. depend on ~에 달려있다, 의존하다
5. far away 멀리 떨어진
6. in harmony with ~와 조화를 이루어
7. take advantage of ~을 이용하다
8. out of balance 균형이 깨진
9. a variety of 다양한

CHAPTER 08

Insertion

INTRODUCTION
문장 삽입 문제는 주어진 문장을 지문의 흐름에 맞게 알맞은 위치에 삽입하는 문제입니다. 글의 논리적 연관성을 잘 파악하여 어색하거나 생략된 부분에 삽입 문장을 넣어 글을 완성하는 유형입니다.

TYPICAL QUESTION TYPE
Look at the four squares [■] that indicate where the following sentence could be added to the passage.
주어진 문장이 지문에 들어갈 수 있는 곳을 가리키는 네 개의 네모 [■]를 보라.

Hence, even when a galaxy passes through another galaxy, there is no damage.

Where would the sentence best fit?
이 문장이 어디에 가장 적절한가?

Click on a square [■] to add the sentence to the passage.
문장이 추가될 곳의 네모 [■]를 클릭하라.

STRATEGIES
- 각 네모에 주어진 문장을 넣어 보면서 어느 네모에 넣었을 때 논리가 맞는지 훑어 보게 합니다.
- so, and, hence, therefore, however, moreover, in addition, for example 등의 연결어를 살펴 보게 합니다.
- 삽입할 문장을 읽고 그 문장 내에서 지시어, 인칭·관계 대명사, 접속사 등과 관련된 문장을 지문에서 찾게 합니다.
- 내용의 연대순이나 first, next, finally 또는 in the past, later 등의 순서를 나타내는 단어의 앞뒤 흐름을 주의 깊게 보게 합니다.
- 큰 범위의 내용에서 구체적인 내용으로 또는 그 반대로 글이 전개될 수 있으므로 그 흐름을 파악하게 합니다.
- 삽입 문장에 동일한 어휘나 유사어의 반복 등이 단서가 될 수 있다는 것을 알게 합니다.

SAMPLE   p.121

정답 | A   Check Up | increase, size, smaller

달의 모양

달은 항상 똑같이 보이지는 않는다. ■A 달의 모습은 한 달 주기 안에 몇 번씩 변한다. 이것은 태양, 지구, 달의 위치 때문이다. 한 달이 시작될 때 우리가 달을 볼 수 없으면, 그것을 삭(朔)이라고 부른다. ■B 날마다 달의 크기가 커지는 것처럼 보인다. 매달 중순 직후에, 우리는 보름달을 볼 수 있다. ■C 그런 다음 달은 또 다른 한 달이 시작되어 다시 삭(朔)이 되기 전까지 더 작아지는 것처럼 보인다. ■D

주어진 문장이 지문에 들어갈 수 있는 곳을 가리키는 네 개의 네모[■]를 보라.

때때로 그것은 동그라미처럼 둥글고, 또 때로는 초승달처럼 보인다.

이 문장이 어디에 가장 적절한가?

▶ (A)에 주어진 문장을 대입하면, 주어진 문장의 주어 it이 앞 문장의 the Moon을 가리키는 것과 looks가 다음 문장의 appearance로 이어짐을 알 수 있으므로, 답은 A이다.

STARTING UP   pp.122-123

정답 | 1. a → c → d → b   2. c → b → a → d   / p.122
3. b → c → a → d → e

문장들을 올바른 순서대로 넣으세요.

1. a. 먼 옛날, 사람들은 길을 찾는 데 별을 이용했다.
   b. 그래서 여행자들은 길을 잃었을 때, 별자리를 이용해 길을 찾았다.
   c. 그들은 가야 할 방향을 확인하려고 별자리를 찾곤 했다.
   d. 예를 들어, 오리온은 겨울 동안 북반구에서 가장 잘 보이고, 여름 동안에는 남반구에서 가장 잘 보인다.

2. a. 태양의 흑점들의 수는 계속 변하고 있다.
   b. 이런 점들을 태양의 흑점이라고 부른다.
   c. 태양은 표면에 많은 점들을 가지고 있다.
   d. 이것은 그것들이 11년마다 나타나고 사라지기 때문이다.

3. a. 그것들은 보통 갑작스런 섬광을 동반한다.
   b. 때때로 밤하늘을 가로질러 가는 물체들이 보일 수 있다.
   c. 이것들은 흔히 유성인데, 보통 별똥별이라고 부른다.
   d. 이 섬광은 유성체가 지구 대기권에 다다를 때 나타난다.
   e. 유성체는 우주를 돌아다니는 암석이나 금속으로 형성된 물체이다.

정답 | 1. C   2. B   / p.123

주어진 문장이 들어가기에 가장 적절한 네모에 체크하세요.

1. 그러나 이 빛들은 특히 유럽과 북아메리카에서 가끔 붉은 색이다.

하늘에서 가장 아름다운 광경들 중 하나는 오로라이다. ■A 사람들은 그것이 희끄무레한 빛으로 북쪽에서 시작되기 때문에, 그것을 '북극광'이라고 부른다. ■B 그런 다음 그것은 초록이나 황록색 빛으로 변한다. ■C 그것들이 어떤 색이든, 그것들은 하늘에서 춤추는 것처럼 보인다. ■D

2 이들 중 어떤 것들은 목성의 달, 지구의 달의 분화구, 심지어 주변 은하계들까지 포함한다.

많은 사람들은 우주를 바라 보는 유일한 방법이 망원경을 가지고 보는 것이라고 생각한다. **A** 그들은 쌍안경이 우주에 있는 많은 것들을 보는데 사용될 수 있다는 것을 모른다. **B** 쌍안경은 또한 사람이 하늘의 더 많은 부분을 보게 해 줄 수 있다. **C** 망원경은 단지 대기권 밖 우주 공간의 한 지점에만 초점을 맞출 수 있다. **D**

VOCABULARY   pp.124-125

정답 |

● Write the meaning of each word in Korean.
- 실용적인 / Ed는 많은 발명품들을 가지고 있지만, 그것들은 별로 실용적이지 않다.
- 발사하다 / 통신위성 한 대가 곧 발사될 것이다.
- 궤도를 돌다 / 몇 개의 달들이 목성 궤도를 돈다.
- 배열 / 그 식탁 위에는 물건들이 배열되어 있다.
- 매혹하다 / 우주와 관련된 것은 어떤 것이든 Karl을 매혹한다.
- 관개 / 이 우물들은 그 지역의 농부들에게 관개를 제공한다.
- 증거 / Joan은 그녀의 이론을 뒷받침해 줄 확실한 증거가 전혀 없었다.
- (특정 지역의) 초목 / 그 강 근처에는 초목이 무성했었다.
- 많은 / 그 감독이 만든 그 영화는 많은 상을 받았다.
- 정확한 / Ann은 그 단어의 정확한 뜻을 확인하려고 그것을 검색했다.

● Match the definitions with the words.
1-f   2-e   3-a   4-c   5-d   6-b

● Complete the sentences with the words below.
1. numerous   2. evidence   3. irrigation
4. orbit   5. arrangements

1 Michael은 많은 경우에 큰 도움이 되어 왔다.
2 그 전투가 실제로 일어났다는 증거가 전혀 없었다.
3 Mike가 소유했던 그 토지는 언덕이 많고, 관개 시스템이 열악했다.
4 그 행성이 그 태양 궤도를 도는 데 일 년이 걸린다.
5 그 방 구석구석에 우아한 꽃꽂이들이 있었다.

BUILDING UP ❶   pp.126-127

정답 | A   / p.126

Fill in the blanks to complete the sentences.
1. invented   2. recorded   3. upside down

망원경의 발명

언제 망원경이 발명되었는지는 아무도 모른다. 어떤 사람들은 망원경이 일찍이 기원전 385년에 발명되었다고 생각한다. 그 해에 그리스 철학자 Democritus(데무크리토스)는 은하수가 많은 별들로 구성되어 있다고 말했다. **A** 망원경에 사용되었을 수도 있는 몇 몇 초기 렌즈들이 스웨덴에서 발견되었다. **B** 그것들은 11세기에 만들어진 렌즈들이었다. **C**

가장 초기에 기록된 망원경은 13세기에 발명되었다. 그것은 Roger Bacon에 의해 만들어졌다. **D** 초기 망원경들은 한 가지 큰 문제점을 가지고 있었다. 그것들은 이미지가 거꾸로 뒤집어지게 했다. 1608년에 이미지를 거꾸로 뒤집지 않는 최초의 실용적인 망원경이 네덜란드에서 발명되었다.

주어진 문장이 지문에 들어갈 수 있는 곳을 가리키는 네 개의 네모[■]를 보라.

만약 그가 별들을 분명히 볼 수 있는 망원경을 가지고 있지 않더라면, 그는 이것을 알 수 없었을 것이다.

이 문장이 어디에 가장 적절한가?

▶ 주어진 문장에 the stars가 포함되어 있으므로, 지문에서 stars가 나온 문장 다음인 A에 넣어 보면 He는 Democritus를, 그리고 this는 the Milky Way is made up of many stars를 가리키고 있음을 알 수 있다.

정답 | D   / p.127

Fill in the blanks to complete the sentences.
1. people   2. orbited   3. land

우주 탐사용 로켓들

우주 탐사용 로켓들은 우주를 여행하지만, 사람을 태우고 있지는 않다. **A** 어떤 우주 탐사용 로켓들은 다른 행성 주위를 돌지만, 다른 로켓들은 실제로 행성에 착륙해 그곳을 여기저기 돌아다닌다. 이런 우주 탐사용 로켓들을 로버라고 부른다. **B** 대부분의 우주 탐사용 로켓들은 결코 지구로 돌아오지 않는다. 그 로켓들은 그들이 수집한 정보를 (지구로) 전송만 할 뿐이다.

*Cassini*는 1997년에 발사된 우주 탐사용 로켓이다. 그것은 2004년 토성에 도달해 2017년까지 그 행성 궤도를 돌았다. **C** *Spirit*과 *Opportunity*는 2004년 화성에 착륙했던 로버들이다. **D** 그러나 *Opportunity*는 2018년 6월까지 계속 정보를 전송했다.

주어진 문장이 지문에 들어갈 수 있는 곳을 가리키는 네 개의 네모[■]를 보라.

그것들은 90일 동안 그 행성에 대한 정보를 수집하도록 설계 되어 있었다.

이 문장이 어디에 가장 적절한가?

◉ 네 개의 네모 중 주어진 문장의 They와 the planet이 가리키는 말이 모두 포함된 것은 D 바로 앞의 문장이다. They 대신 *Spirit and Opportunity*를, the planet 대신 Mars를 넣어보면 문맥이 자연스럽게 연결되므로, 정답은 D가 된다.

• **More to Know**

*Spirit*과 *Opportunity*

미 항공우주국(NASA)이 화성에 보낸 쌍둥이 로봇으로 높이 1.5m, 길이 2.3m, 무게 185kg에 태양광 충전지를 동력원으로 삼는 차륜형 로버이다. 카메라, 현미경, 적외선 분석 장비 등을 갖춘 이들의 목적은 화성에서 물과 생명체의 흔적을 찾는 것이었다. 2004년 1월 초에 *Spirit*이 먼저 화성에 도착해 예상 수명 90솔(Sol은 화성의 하루를 나타내는 단위로 지구 시간으로 24시간 37분 23초)의 20배가 넘는 2208솔 동안 탐사를 계속했다. *Opportunity*는 같은 해 1월 말에 화성에 착륙해 기대 수명보다 훨씬 긴 약 15년간 화성에서 산화철, 아연, 브롬 등 물의 단서가 되는 각종 물질을 발견해 물이 존재한다는 가설을 증명했고 물이 흘렀던 흔적까지 발견했으나, 2018년 6월 대형 모래 폭풍에 휩싸여 태양광 충전량이 부족해지면서 화성 '인내의 계곡'에서 작동을 멈추고 영면에 들어갔다.

BUILDING UP ❷   pp.128-129

정답 | 1. 1D   2. 2B   / p.128

Write the answer.
It is an arrangement of stars that can be seen from Earth.

북두칠성

1A 별자리는 지구에서 볼 수 있는 별들의 배열이다. **1B** 북두칠성은 대웅좌에 있는 일곱 개의 가장 밝은 별들로 이루어져 있다. **1C** 대웅좌에 있는 별들의 배열은 곰처럼 보인다. **1D** 북두칠성은 사람들이 밤하늘을 바라볼 때 흔히 가장 먼저 보는 별자리이다. **2A** 그 위치와 모양 때문에 그것을 찾기 쉽다. 그것은 여름에 항상 밤하늘 가장 위쪽에 있다. **2B** 북두칠성은 다른 중요한 별들을 찾는데 흔히 이용된다. **2C** 북두칠성의 국자 머리 부분에 있는 별들 중 두 개는 북극성과 대각성(목동 자리의 가장 큰 별)을 찾는데 이용될 수 있다. 북극성은 탐험가들에 의해 나침반으로 이용되어 왔다. **2D** 그리고 대각성은 유명한 적색 거성이다.

1 주어진 문장이 지문에 들어갈 수 있는 곳을 가리키는 네 개의 네모 [■]를 보라.

이것이 대웅좌가 큰곰자리라고도 불리는 이유이다.

이 문장이 어디에 가장 적절한가?

◉ 주어진 문장에 the Great Bear가 있으므로 1단락에서 관련 내용을 찾으면, 바로 1D 앞에 bear가 있다. 따라서 1D에 문장을 대입해 보면 글의 흐름이 자연스럽게 이어짐을 알 수 있다.

2 주어진 문장이 지문에 들어갈 수 있는 곳을 가리키는 네 개의 네모 [■]를 보라.

그리고 그것은 그 이름이 암시하는 것 같은 모양을 하고 있다.

이 문장이 어디에 가장 적절한가?

◉ 주어진 문장은 모양(shape)에 대해 이야기하고 있다. 그러므로 북두칠성을 찾기 쉬운 이유가 그 위치와 모양 때문이라는 말과 위치에 대한 구체적 설명 다음인 2B에 삽입되는 것이 문맥상 가장 적절하다.

정답 | 1. 1D   2. 2C   / p.129

Write the answer.
Numerous craters were discovered in the southern hemisphere of Mars.

화성

우리 태양계에 있는 모든 행성들 중 화성보다 더 사람들을 매혹시켜온 행성은 없다. **1A** 망원경으로 (화성을) 관찰하던 과학자들은 화성 표면에서 격자 무늬, 즉 서로 교차하는 선들을 보았다. **1B** 어떤 사람들은 그 격자 무늬가 물을 대는 수로라고 결론지었다. **1C** 그들은 이것이 화성에 물이 있었다는 증거라고 생각했다. **1D** 또한 지구의 계절에 따라 화성 표면의 색이 변하는 것처럼 보인다는 점도 주목 받았다. 어떤 사람들은 이것이 화성에 식물이 자라고 있다는 것을 의미한다고 믿었다.

그러나 최초의 화성 탐사는 수로나 물, 또는 식물을 전혀 발견하지 못했다. 그것은 다소 실망스러웠다. **2A** 그러나 화성을 방문한 우주선들 덕분에 몇 가지 흥미로운 사실들이 발견되었다. **2B** 그곳에는 산소가 없다. **2C** 화성의 평균 기온은 섭씨 영하 63도이다. **2D** (화성에 대한) 다른 발견들에는 낮고 완만한 북반구 지형과 남반구에 있는 많은 분화구들이 포함된다.

1 주어진 문장이 지문에 들어갈 수 있는 곳을 가리키는 네 개의 네모 [■]를 보라.

그들은 또한 그것이 그 행성에 지적 생명체가 있다는 표시라고 생각했다.

이 문장이 어디에 가장 적절한가?

◉ 주어진 문장의 주어 They와 동사 thought가 1D 앞 문장에서 반복되어 사용되었으며, 주어진 문장에는 also가 추가되었다. 따라서, 주어진 문장이 1D에 삽입되는 것이 문맥상 자연스럽다.

2 주어진 문장이 지문에 들어갈 수 있는 곳을 가리키는 네 개의 네모 [■]를 보라.

대신, 그 대기는 대부분 이산화탄소로 이루어져 있다.

이 문장이 어디에 가장 적절한가?

◉ 주어진 문장은 화성의 대기에 대한 설명이며, 대기에 대한 어떤 설명이 이미 나온 다음 상반되는 사실을 암시하는 Instead로 연결되어야 한다. 그러므로 2단락에서 역시 대기에 대해 언급한 There is no oxygen there. 다음인 2C에 놓이는 것이 논리적으로 적절하다.

CHALLENGE TOEFL iBT® pp.130-133

정답 | 1. (B) 2. (D) 3. (C) 4. (D) 5. (A) 6. 6C

포인트 니모

'포인트 니모'라고 알려진 특별한 장소가 있다. 그것은 남태평양 한가운데 위치해 있지만, 도시나 섬이 아니다. 그것은 단순히 지구상의 어떤 육지에서도 가장 먼 거리, 정확히 2,688 킬로미터 떨어진 장소이다. 포인트 니모는 육지와 너무 멀리 떨어져 있어서 근처에 사는 사람이 없다. 그리고 포인트 니모의 바다에는 영양소가 거의 없어서, 그곳에 사는 바다 생물이 그리 많지 않다.

과학자들은 1992년 중요한 이유로 포인트 니모의 위치를 찾기 위해 컴퓨터 기술을 이용했다. **6A** 그들은 그것을 우주선의 '무덤'으로 사용한다. **6B** 궤도를 돌고 있는 우주선, 우주 정거장, 그리고 인공위성들이 작동을 멈추면, 그것들은 지구로 다시 떨어진다. **6C** 그래서 그것들은 포인트 니모로 유도되는데, 그곳에서 그것들은 해를 끼치지 않고 대양으로 추락할 수 있다. 포인트 니모에는 이미 수백 개의 우주 물체들이 있고, 그 수는 매년 증가하고 있다. **6D**

satellite 인공위성

1 이 글의 주제는 무엇인가?
   (A) 포인트 니모는 태평양에 세워진 거대한 우주 정거장이다.
   (B) 포인트 니모는 쓸모 없는 우주 물체들이 추락하는 곳이다.
   (C) 대부분의 우주 물체들은 포인트 니모로 보내지기 전에 작동을 멈춘다.
   (D) 포인트 니모의 과학자들은 지구 주위를 도는 인공위성들을 연구한다.

   ◉ 포인트 니모가 작동을 멈춘 우주선, 우주 정거장, 인공위성 등이 지구에 추락하는 장소라는 설명을 하고 있으므로, (B)가 답이다. (C)는 포인트 니모와 관련된 세부 설명이며, (A)와 (D)는 사실이 아니다.

2 1단락에서 단어 nutrients 와 의미가 가장 가까운 것은
   (A) 피난처
   (B) 수분
   (C) 공기
   (D) 음식물

   ◉ nutrient는 '영양소, 영양분'이라는 뜻이고 가장 가까운 의미는 (D)의 food이다.

3 1단락에서 작가의 주요 의도는
   (A) 포인트 니모를 유사한 장소들에 비유하기 위해서
   (B) 포인트 니모의 중요성을 강조하기 위해서
   (C) 포인트 니모의 특성들을 설명하기 위해서
   (D) 포인트 니모가 실제 장소가 아니라는 것을 제시하기 위해서

   ◉ 1단락에서는 포인트 니모가 남태평양의 어떤 장소로 육지에서 가장 먼 지점에 있고 사람이나 바다 생물도 거의 살지 않는다는 사실 등을 설명하기 때문에, (C)가 답이 된다.

4 2단락에서 단어 it 이 가리키는 것은
   (A) 컴퓨터 기술
   (B) 1992년
   (C) 중요한 이유
   (D) 포인트 니모

   ◉ it의 주어인 They가 Scientists를 가리키므로, it은 그들이 우주선의 '무덤'으로 이용할 수 있는 것, 즉 포인트 니모임을 알 수 있다.

5 2단락에 따르면, 다음 중 우주선, 우주 정거장, 그리고 인공위성들에 대해 사실인 것은?
   (A) 포인트 니모에 추락하도록 유도된다.
   (B) 1992년 포인트 니모의 위치를 찾아내는 데 사용되었다.
   (C) 보통 포인트 니모에서 디자인되고 제작된다.
   (D) 작동을 멈춘 후 지구 궤도를 계속 돈다.

   ◉ 2단락에서 are guided to Point Nemo, where they can crash harmlessly into the ocean이라고 했으므로, (A)가 답이다.

6 주어진 문장이 지문에 들어갈 수 있는 곳을 가리키는 네 개의 네모 [■]를 보라.

   어떤 것들은 지구의 대기 안에서 전소되지만, 그렇지 않은 것들도 있다.

   이 문장이 어디에 가장 적절한가?

   ◉ 주어진 문장에서 Earth's atmosphere가 언급되며, 대기에서 불타 없어지거나 그렇지 않은 것들의 주어인 Some과 others가 우주 물체들을 가리키므로, they fall back to Earth 다음에 삽입되어야 문맥상 자연스럽다. 따라서 답은 6C이다.

● **COLLOCATION** / p.134

정답 | 1. upside down 거꾸로
2. burn up 전소되다
3. located in ~에 위치한
4. known as ~로 알려진
5. as early as 일찍이
6. send back 되돌려 보내다
7. in size 크기가
8. thanks to ~ 덕분에
9. fall back to ~로 다시 떨어지다

CHAPTER 09

Summary

INTRODUCTION

지문에서 중심 내용을 찾아 몇 개의 문장으로 전체 지문을 요약해 보는 문제입니다. 도입 문장이 주어지면, 그 뒤에 이어질 문장을 보기 중에서 골라야 합니다. 글을 읽으면서 글의 주제를 파악하고, 중요 개념과 그렇지 않은 개념을 구별해야 합니다.

TYPICAL QUESTION TYPE

Directions: An introductory sentence for a brief summary of the passage is provided below. Complete the summary by selecting the THREE answer choices that express the most important ideas in the passage. Some sentences do not belong in the summary because they express ideas that are not presented in the passage or are minor ideas in the passage.

설명: 지문의 간단한 요약을 위해 도입 문장이 아래에 주어진다. 지문에서 가장 중요한 내용을 표현한 세 개의 보기를 선택하여 요약을 완성하라. 어떤 문장들은 지문에 제시되지 않거나 중요하지 않은 내용을 표현하므로 요약에 포함되지 않는다.

An introductory sentence (도입 문장)

Answer Choices (보기)

STRATEGIES

- 주어진 도입 문장과 보기 문장들을 잘 읽은 다음, 도입 문장이 지문의 어느 부분에 놓였는지 살펴보게 합니다.
- 지문에서 나타내고자 하는 주요 내용과 그렇지 않은 내용을 구별하게 합니다.
- 지문을 훑어 읽으며 각 단락의 중요 내용에 줄을 그어 두거나 따로 **note-taking** 하는 연습을 하게 합니다.
- 사실이 아닌 거짓된 내용이나 지문에서 언급하지 않은 내용의 보기는 오답이므로 이를 제외하게 합니다.
- 지문의 내용에 부합하며 주요 내용을 나타낸 보기를 선택하도록 합니다.

SAMPLE   p.137

정답 | (D), (F), (A)

건초열

건초열(꽃가루 알레르기)은 꽃가루에 의해 유발되는 흔한 알레르기이다. 약 20%의 사람들이 일종의 꽃가루에 알레르기가 있다. 건초열은 눈, 코, 목구멍이 붓고 가렵게 만든다. 그 알레르기는 보통 사람들이 나이가 들면서 호전되고, 어떤 경우에는 완전히 사라지기까지 한다.

건초열은 건강에 심각한 위협이 되지는 않지만, 개인 삶의 질에 부정적인 영향을 미칠 수 있다. 건초열이 심한 사람들은 자주 그것이 그들의 학교나 직장에서 생산성에 방해가 된다는 것을 알게 된다.

설명: 지문의 간단한 요약을 위해 도입 문장이 아래에 주어진다. 지문에서 가장 중요한 내용을 표현한 세 개의 보기를 선택하여 요약을 완성하라. 어떤 문장들은 지문에 제시되지 않거나 중요하지 않은 내용을 표현하므로 요약에 포함되지 않는다.

건초열은 일종의 알레르기이다.

보기 |
(A) 건초열은 심각한 병은 아니지만, 개인 삶에 영향을 미칠 수 있다.
(B) 꽃가루는 식물의 번식을 위해 방출된다.
(C) 야외에서 선글라스를 착용하는 것이 여러분의 눈을 햇빛에서 보호해 줄 수 있다.
(D) 건초열은 꽃가루에 의해 야기된다.
(E) 건초열은 젊은 사람보다 나이가 좀 있는 사람들에게 영향을 미칠 가능성이 더 많다.
(F) 건초열은 눈, 코, 목구멍에 부기와 가려움을 유발한다.

◉ (D)와 (F)는 1단락의 중심 내용으로 건초열의 원인 및 증상을 말하고, (A)는 이로 인해 개인 생활까지 방해 받을 수 있다는 결론을 말하고 있다. (B)와 (C), (E)는 언급되지 않았다.

STARTING UP   pp.138-139

정답 | 1. Major Idea: (B) Minor Ideas: (A), (C), (D)   / p.138
2. Major Idea: (A) Minor Ideas: (B), (C), (D)
3. Major Idea: (D) Minor Ideas: (A), (B), (C)

중심 내용과 세부 사항을 분리한 다음, 알맞은 상자 안에 글자를 써 넣으세요.

1 (A) 잠자기 직전에 많은 양의 식사를 하지 마라.
   (B) 잠을 잘 자기 위해서, 특정 규칙을 따라야만 한다.
   (C) 전등을 꺼 두어라.
   (D) 만약 잠을 잘 수 없으면, 부드러운 음악을 틀 수도 있다.

2 (A) 때때로 아이들은 그들이 자라고 있기 때문에 통증을 느낀다.
  (B) 만약 그 통증이 무릎이나 팔꿈치에 있다면, 그것은 성장통이 아니다.
  (C) 만약 아이가 열이 나고 음식을 먹으려 하지 않으면, 그것은 성장통이 아니다.
  (D) 성장통은 근육에서 느껴질 수 있다.

3 (A) 아이가 넘어졌을 때 팔뼈들이 쉽게 부러진다.
  (B) 손목, 팔 아래 부분 그리고 팔 윗부분이 모두 부러질 수 있다.
  (C) 때때로 발목 또는 다리 아래 부분이 부러진다.
  (D) 운동 경기를 하는 것은 재미있지만, 어린 아이들은 노는 동안 뼈를 부러뜨릴 수 있다.

정답 | (B), (D), (G) / p.139

지문을 읽고 요약하기 위해 아래에서 중심 내용에 동그라미 하세요.

폐가 갑자기 공기를 밖으로 밀어낼 때 기침이 난다. 이것은 폐를 깨끗하게 유지하는 데 도움이 된다. 다른 많은 것들이 기침을 유발할 수 있다. 실제로 기침은 반사 작용이다. 이것은 그것이 몸에 자동적으로 일어난다는 뜻이다. 공기 중의 지나치게 많은 먼지나 담배 연기가 기침을 하게 만든다. 기침은 흔한 감기 증상이거나 어떤 약의 부작용일 수도 있다.

기침 치료법은 원인에 따라 다르다. 기침은 보통 약으로 치료될 수 있다. 예를 들어, 콧물을 동반한 기침은 보통 소염제로 치료된다. 그러나 단순한 박하 사탕 한 개가 마른 기침을 없애는데 충분할 수 있다.

(A) 단지 약만이 기침을 멈추게 한다.
(B) 기침은 폐 밖으로 공기를 내보낸다.
(C) 담배 연기가 폐에 가장 나쁘다.
(D) 기침은 많은 이유로 날 수 있다.
(E) 기침은 몸에 자동적으로 일어난다.
(F) 기침은 감기나 어떤 약들 때문에 날 수 있다.
(G) 기침은 여러 다른 방법으로 치유될 수 있다.
(H) 마른 기침을 할 때는, 박하 사탕 한 개가 도움이 될 수 있다.
(I) 콧물을 동반한 기침은 소염제로 치료될 수 있다.

VOCABULARY pp.140-141

정답 |

● Write the meaning of each word in Korean.
식민(지)의 / 프랑스는 한 때 중요한 식민국이었다.
제거하다 / 이 제품은 페인트를 쉽게 제거할 수 있다.
보통의 / 보통 체온은 섭씨 37도이다.
거부(거절)하다 / Jennifer는 그 회사의 일자리 제안을 거절했다.
극복하다 / Max는 결국 수업 시간에 수줍어하는 것을 극복했다.
이민자 / Dan은 아일랜드 이민자 대가족 출신이다.
운동선수 / Ben은 올림픽 선수가 되었다.
신청(지원)하다 / Mandy는 신문사 일자리에 지원했다.
참가(참여)하다 / 많은 학생들이 방과 후 운동에 참가한다.
의식 / Joe의 가족은 그의 졸업식에 참석했다.

● Match the words with their synonyms.
1-b 2-d 3-f 4-a 5-e 6-c

● Complete the sentences with the words below.
1. colonial 2. applied 3. ceremony
4. normal 5. immigrants

1 아프리카의 많은 부분이 식민 통치하에서 고통받아 왔다.
2 우리 아들은 네 개의 대학에 지원했다.
3 한 판사가 그 커플의 결혼식을 진행할 것이다.
4 다섯 살짜리 남자 아이가 활기 넘치게 행동하는 것은 당연하다.
5 Tim의 조부모님은 폴란드 출신의 이민자였다.

BUILDING UP ❶ pp.142-143

정답 | (B), (F), (A) / p.142

Fill in the blanks to complete the sentences.
1. football 2. players

미식축구의 기원

17세기에 영국 식민지 이주자들은 축구와 럭비를 미국에 들여왔다. 1867년에 이 게임들의 규칙들이 통합되어 대학들에 소개되었다. 이 새로운 게임은 미식축구라고 불렸다.

1880년에 그 게임의 규칙들이 바뀌었다. 예전 게임에는 각 팀에 25명의 선수가 있었던 반면, 새 게임에서는 선수가 11명뿐이었다. 각 선수는 라인맨이나 쿼터백 같은 특정 역할을 맡았다.

1905년에 18명이 미식축구 경기 중에 사망했다. 그래서 대학들은 게임 시간을 단축하고 위험한 규칙들을 없앰으로써 그것을 더 안전하게 만들려고 했다.

설명: 지문에서 가장 중요한 내용을 표현하는 세 개의 보기를 선택하여 요약을 완성하라.

초기 형태의 축구와 럭비가 영국에서 미국으로 들어왔다.

보기 |
(A) 1905년에 대학들은 그 게임을 더 안전하게 만들었다.
(B) 미식축구는 1867년에 만들어졌다.
(C) 1905년에 18명이 미식축구 경기 중에 사망했다.
(D) 미식축구 선수들은 라인맨이나 쿼터백이 될 수 있다.
(E) 미식축구는 매우 난폭한 게임이다.
(F) 1880년에 미식축구 선수들의 수가 바뀌었다.

❥ 전체 지문의 중심 요지는 초기 형태의 축구나 럭비 같은 구기 종목들이 미국에 들어와 규칙들이 통합되면서, 미식축구로 바뀌고 경기 규칙들이 변했다는 것이다. 따라서 요지는 본문 내용에 따라 (B), (F), (A)를 선택하면 된다. (C)와 (E)는 중심 내용을 보충 설명하는 세부 사항이며, (D)는 과거에 그랬다는 언급은 있으나, 지금도 사실인지에 관한 언급은 없다.

정답 | (F), (D), (E) / p.143

Fill in the blanks to complete the sentences.
1. healthy food   2. at the bottom

식품 안내 피라미드

식품 안내 피라미드는 건강한 식품에 대한 도표이다. 그것은 삼각형에 우리가 섭취해야 하는 식품을 정리한다. 삼각형 맨 아래에 있는 식품이 가장 많이 섭취되어야 한다. 빵, 쌀, 파스타 같은 에너지 식품이 가장 아래에 있다. 그 삼각형 위로 올라가면서 야채, 과일, 우유, 그리고 단백질 식품들이 보인다. 그 삼각형 맨 위에 지방과 사탕 같은 단 음식이 있다. 우리는 이런 것들의 섭취를 더 줄여야 한다.

식품 안내 피라미드는 우리 나이에 따라 매일 어느 정도의 식품을 섭취해야 하는지도 제안한다. 그것은 또한 우리가 얼마나 많은 칼로리를 섭취해야 하는지도 알려 준다. 예를 들어, 십대들은 매일 40 그램의 야채가 필요하고, 2,200 킬로칼로리를 섭취해야 한다고 알려 준다.

설명: 지문에서 가장 중요한 내용을 표현하는 세 개의 보기를 선택하여 요약을 완성하라.

식품 안내 피라미드는 건강하게 음식을 섭취하는 법을 우리에게 알려 준다.

보기 |
(A) 빵, 쌀, 파스타는 식품 안내 피라미드의 맨 아래에 있다.
(B) 우리는 지방과 단 음식을 덜 먹어야 한다.
(C) 식품 안내 피라미드는 여러 번 바뀌었다.
(D) 식품 안내 피라미드는 나이에 따른 섭식 안을 만든다.
(E) 식품 안내 피라미드는 하루에 얼마나 많은 칼로리를 섭취해야 하는지에 대한 정보를 준다.
(F) 식품 안내 피라미드는 우리가 섭취해야 하는 식품의 양에 따라 식품을 정리한다.

▶ (A)와 (B)는 세부 설명에 해당하고, (C)에 대한 언급은 없으므로, 이들을 제외한 보기를 글의 순서대로 나열하면 (F), (D), (E)이다.

BUILDING UP ❷ pp.144-145

정답 | (C), (F), (D) / p.144

Write the answer.
They usually suffer from it between the ages of two and six.

식품 기신증

'신기혐오증(新奇嫌惡症)'이라는 용어는 새로운 것에 대한 공포를 나타낸다. 가장 흔한 유형들 중 하나는 새로운 음식에 대한 공포심이다. 식품 기신증은 유아 발달상 정상적인 단계로 여겨진다. 그것은 보통 2세~6세 사이에 발생하는데, 모든 아이들의 절반 이상에서 발생한다. 그것은 위험하지는 않지만, 부실한 식사로 이어질 수 있다. 대부분의 경우, 그것은 시간이 지나면서 사라진다.

식품 기신증을 갖고 있는 것은 편식하는 것과는 다르다. 편식하는 사람들은 단지 소수의 음식의 맛만 좋아한다. 다른 음식들을 맛본 후, 그들은 그것들을 거부할 것이다. 반면에, 식품 기신증이 있는 아이들은 맛조차 보지 않고 새 음식들을 거부한다. 식품 기신증이 있는 아이들에게 새로운 음식들을 맛보면 상을 주는 것은 그 증상을 좀 더 빨리 극복하는데 도움이 될 수 있다.

설명: 지문에서 가장 중요한 내용을 표현하는 세 개의 보기를 선택하여 요약을 완성하라.

식품 기신증은 새로운 음식에 대한 공포심이다.

보기 |
(A) 다이어트 중인 사람들은 보통 식품 기신증의 영향을 받는다.
(B) 식품 기신증은 여러 종류의 신기혐오증들 중 하나이다.
(C) 자라나는 아이들이 식품 기신증을 갖게 되는 것은 보통 있는 일이다.
(D) 아이들이 새로운 음식을 먹어보도록 권장하는 것은 그런 증상을 더 빨리 극복하는데 도움이 될 수 있다.
(E) 식품 기신증을 갖고 있으면 편식을 하게 될 수 있다.
(F) 식품 기신증은 부실한 식사를 초래할 수 있지만, 시간이 지나면서 사라진다.

▶ 주어진 문장은 식품 기신증이 무엇인지에 대한 정의이다. 전체 지문을 잘 살펴 보면 (C), (F), (D)가 중심 내용임을 알 수 있다. (B)는 세부 설명이며, (A)는 지문에서 언급되지 않았고, (E)는 지문의 내용에 부합하지 않는다.

정답 | (E), (B), (F) / p.145

Write the answer.
It affects how far the stone will travel.

컬링

컬링은 빙판에서 벌어지는 겨울 운동이다. 많은 사람들은 그것이 캐나다에서 유래된 것으로 믿고 있지만, 그것은 사실 16세기 초 스코틀랜드에서 창시되었다. 스코틀랜드 이민자들이 19세기에 캐나다로 컬링을 가져왔다.

컬링 경기는 선수 4명으로 이루어진 두 팀에 의해 치러지고, 각 팀은 8개의 스톤을 갖는다. 이것들은 돌로 만들어진 무거운 물체로, 빙판을 가로질러 밀어지게 된다. 한 선수가 자신의 스톤을 밀면, 다른 두 선수들이 브룸(빗자루 모양의 솔)을 이용해 그 앞쪽의 빙판을 닦는다. 이것은 그 스톤이 얼마나 멀리 갈 지에 영향을 미친다. 팀들은 그들의 스톤들을 목표 지점의 중심에 가장 가까운 곳에 밀어 보냄으로써 득점을 한다.

컬링은 1998년에 올림픽 종목이 되었고, 지금은 전세계 사람들이 즐긴다.

설명: 지문에서 가장 중요한 내용을 표현하는 세 개의 보기를 선택하여 요약을 완성하라.

컬링은 겨울 운동이다.

보기 |
(A) 컬링은 캐나다에서 굉장히 인기가 있다.
(B) 컬링은 목표 지점을 향해 스톤을 밀어 보내는 방식으로 치러진다.
(C) 각 컬링 팀에는 4명의 선수가 있다.
(D) 컬링에서 사용되는 무거운 물체들은 돌로 만들어졌다.
(E) 컬링은 사실 캐나다가 아니라 스코틀랜드에서 유래했다.
(F) 1998년에 컬링은 올림픽 종목이 되었다.

➲ (A), (C), (D)는 세부 사항이므로, 나머지 보기들을 지문의 흐름에 맞게 (E), (B), (F) 순서로 배열하면 된다.

CHALLENGE TOEFL iBT®   pp.146-149

정답 | 1. (C)   2. (A)   3. 3D   4. (B)   5. (C)
6. (D), (A), (F)

올림픽 성화 봉송

   가장 인상적인 올림픽 전통들 중 하나는 성화 봉송이다. 올림픽 경기가 공식적으로 개막되기 이전에 그리스에서 성화가 점화되고, 한 나라에서 다른 나라로 봉송된다.

   비행기, 자동차, 보트, 그리고 말과 개썰매까지 성화 봉송에 사용되어 왔다. **3A** 그러나 일단 성화가 개최 도시에 도착하면, 그것은 보통 성화 봉송 주자들에 의해 봉송된다. **3B** 2000년 하계 올림픽이 호주 시드니에서 개최되었을 때, 대보초를 가로질러 헤엄을 친 한 스쿠버 다이버에 의해 성화가 봉송되었다. **3C** 물론, 물 속에서 타오를 수 있는 특별한 성화가 사용되었다. **3D**

   운동선수, 배우, 음악가, 정치가들을 포함한 많은 유명인사들이 성화를 봉송해 왔다. 그러나 적어도 14세면 누구나 성화 봉송 주자가 되기 위해 지원할 수 있다. 2018 평창에서 열린 동계 올림픽을 위해 7,500명이 성화 봉송 릴레이에 참여했다. 릴레이 마지막에 올림픽 대회 성화가 그 성화로 점화되고, 그것은 폐회식까지 계속 타오른다.

Great Barrier Reef 대보초

1 지문에서 주로 논하는 것은 무엇인가?
(A) 올림픽 성화 봉송 릴레이가 어떻게 시작되었는가
(B) 왜 성화가 올림픽 경기에 봉송되는가
(C) 올림픽 성화 봉송의 전통
(D) 올림픽 성화 봉송 주자들이 직면한 문제들

➲ 지문 전반에 걸쳐 그리스에서 점화된 성화가 개최 도시에 도착해 경기장에 점화될 때까지의 과정에 얽힌 전통과 관례를 설명하고 있으므로, (C)가 답이 된다.

2 2단락에서 단어 **submerged** 와 의미가 가장 가까운 것은
(A) 수중의
(B) 이동된
(C) 펼쳐진
(D) 얼어 붙은

➲ submerged는 '수중의, 물 속의'라는 뜻을 나타내므로, (A) underwater가 의미상 가장 가깝다.

3 주어진 문장이 지문에 들어갈 수 있는 곳을 가리키는 네 개의 네모 [■]를 보라.

얼마 전에는 성화가 우주로 가서 우주비행사들 사이에서 전달된 다음, 2014년 소치 동계 올림픽을 위해 지구로 되돌려 보내졌다.

이 문장이 어디에 가장 적절한가?

➲ 주어진 문장의 첫 어구인 More recently가 단서이다. 2014년 동계 올림픽을 위해 성화가 우주로 보내졌던 일화에 대한 내용이므로, 2000년 호주 하계 올림픽 때 성화가 수중에서 운반되었던 일화가 나온 다음인 3D에 놓여야 문맥상 자연스럽게 연결된다.

4 다음 중 지문에서 언급되지 않은 것은
(A) 올림픽 성화를 봉송하는 주자들에 대한 연령 제한
(B) 일반적으로 올림픽 성화 봉송 릴레이가 계속되는 기간
(C) 성화 봉송을 해 온 사람들의 유형들
(D) 올림픽 성화를 봉송하는 데 사용된 다양한 수단들

➲ 12~13째 줄에 (A)가, 11~12째 줄에 (C)가, 그리고 4째 줄에 (D)가 언급되어 있다. 그러나 올림픽 성화 봉송 기간에 대한 내용은 찾을 수 없으므로, 답은 (B)이다.

5 3단락에서 단어 It 이 가리키는 것은
(A) 릴레이
(B) 성화
(C) 올림픽 대회 성화
(D) 동계 올림픽

➲ 여러 주자들에 의해 봉송된 올림픽 성화가 올림픽 대회 성화에 점화되면 폐회식까지 계속 타오른다고 했으므로, continues burning하는 주체는 the Olympic flame이다.

6 설명: 지문의 간단한 요약을 위해 도입 문장이 아래에 주어진다. 지문에서 가장 중요한 내용을 표현하는 세 개의 보기를 선택하여 요약을 완성하라. 어떤 문장들은 지문에 제시되지 않거나 중요하지 않은 내용을 표현하므로 요약에 포함되지 않는다.

성화 봉송은 올림픽 전통이다.

보기 |
(A) 일반적으로 봉송 주자들은 올림픽 성화가 (올림픽을) 개최하는 시에 도착한 후, 성화를 봉송한다.
(B) 2000년 호주에서 하계 올림픽이 개최되었다.
(C) 과거에 올림픽 성화는 대보초를 가로질러 봉송되었다.

(D) 올림픽 성화는 그리스에서 점화되어 세계 곳곳을 거쳐 봉송된다.
(E) 2018 동계 올림픽에 7,000명 이상의 성화 봉송자들이 있었다.
(F) 올림픽 성화는 올림픽 대회 성화를 점화하고, 그 성화는 폐회식까지 계속 타오른다.

◉ (B), (C), (E)는 세부 사항에 대한 설명이므로, 나머지 보기들 중 올림픽 성화 봉송 경로, 개최 도시에서의 성화 봉송 시작 시점, 그리고 대회장의 성화가 점화되어 폐회식까지 타오르게 되는 절차를 순서대로 나열한다.

● More to Know

Olympic Torch 올림픽 성화

고대 올림픽의 발상지인 그리스 남쪽 펠로폰네소스 반도 엘리스 지방에 있는 헤라 신전에서 채화해 올림픽 경기가 개최되는 주경기장의 성화대에서 경기가 끝날 때까지 타오르는 불을 가리킨다. 이것은 고대 올림픽에서 유래한 것으로, 근대 올림픽이 처음 시작된 1896년부터 1924년 파리 올림픽 때까지는 성화 관련 의식이 따로 없었다. 1936년 제11회 베를린 올림픽 때 처음으로 성화대가 마련되었고, 올림픽 성화가 그리스에서 베를린까지 봉송된 이래 지금까지 이 의식이 계속되고 있다. 국제올림픽위원회의 특별 허가가 없는 한 올림픽 성화는 1개여야하며, 성화는 주경기장 어디에서도 볼 수 있는 곳에서 타올라야 한다.

● COLLOCATION   / p.150

정답
1. has a fever 열이 있다
2. lead to ~로 이어지다
3. at least 최소한
4. allergic to ~에 알레르기가 있는
5. pushed across ~을 가로질러 밀어진
6. had a specific role 특정 역할을 맡았다
7. gets better 호전되다
8. at the bottom of ~의 바닥에
9. participated in ~에 참가했다

CHAPTER 10

Category Chart

INTRODUCTION
지문에서 비교 또는 대조되고 있는 대상을 문제에 주어진 각 범주(Topic)에 맞게 분류하는 문제입니다. 이것은 글을 읽으면서 여러 정보를 한 카테고리 안에 잘 분류할 수 있는지를 보는 것입니다. 평소에 글을 읽으면서 여러 가지 대상에 대한 특징을 잘 파악하는 연습이 필요합니다.

TYPICAL QUESTION TYPE
Directions: Select the appropriate phrases from the answer choices and match them to the category to which they relate. TWO of the answer choices will NOT be used.
설명: 보기에서 적당한 구를 찾아서 그것들이 관련된 범주와 연결하라. 보기 중에서 두 개는 사용되지 않을 것이다.

Drag your answer choices to the spaces where they belong. To review the passage, click on **View Text**.
보기들을 해당하는 곳에 끌어오라. 지문을 다시 보기 위해 **View Text**를 클릭하라.

Answer Choices (보기)	Topic 1 (범주 1)
(A)	•
(B)	•
(C)	
(D)	Topic 2 (범주 2)
(E)	•
(F)	•

STRATEGIES
- 먼저 주어진 범주 대상을 확인하고 Answer Choices의 보기들도 읽게 합니다.
- 지문을 읽으며 각 범주 대상과 관련된 중심 개념, 즉 나타내려는 중심 내용들을 파악하게 합니다.
- 주어진 대상을 어떻게 비교 및 대조 시키는지 파악하게 합니다.
- 지문의 내용과 일치하는 중심 개념을 나타낸 보기들을 찾고, 또한 중심 내용들 간의 상호관계도 알게 합니다.
- 각 보기 내용이 사실인지 아닌지, 또 지문에서 언급된 내용인지 파악하여, 지문과 상관없거나 틀린 내용의 보기는 먼저 오답으로 간주하게 합니다.

SAMPLE   p.153

정답 | Greenland – (A), (B), (G)   Iceland – (D), (F)

그린란드와 아이슬란드

그린란드와 아이슬란드는 모두 북대서양에 있는 섬들이다. 그린란드는 실제로 세계에서 가장 큰 섬이다. 그것은 덴마크의 일부지만, 자체 정부를 가지고 있다. 그곳에 거주하는 사람은 약 5만 7천명뿐이며, 그 대부분이 어업으로 돈을 번다. 그들은 덴마크 어와 고유 언어인 그린란드 어를 쓴다.

아이슬란드는 그린란드보다 훨씬 작지만, 인구는 더 많다. 30만 명 이상이 그곳에 거주하며, 아이슬란드 어를 쓴다. 아이슬란드는 덴마크의 일부였으나, 20세기에 독립했다. 많은 관광객들이 화산, 빙하, 온천들을 보려고 아이슬란드를 방문한다.

설명: 보기에서 적당한 구를 찾아서 그것들이 관련된 섬과 연결하라. 보기 중에서 두 개는 사용되지 않을 것이다.

보기 |

(A) 인구가 10만 명 미만이다.
(B) 현재 덴마크의 일부이다.
(C) 남대서양에 있다.
(D) 많은 관광객이 방문한다.
(E) 캐나다의 일부였으나 지금은 아니다.
(F) 20세기에 덴마크에서 분리되었다.
(G) 세계에서 가장 큰 섬이다.

▶ (A)는 4~5째 줄 Only about 57,000 people live there에 나오고, (B)는 3째 줄에 is part of Denmark에서 그린란드에 해당됨을 알 수 있다. (C)는 지문의 내용과 부합하지 않는 내용이다. (D)는 11째 줄 Many tourists visit Iceland에 나오고 아이슬란드에 대한 설명이다. (E)는 지문에 언급되지 않은 내용이다. (F)는 10째 줄 it became independent during the 20th century에 나오며 아이슬란드에 관한 내용이다. (G)는 2~3째 줄 the biggest island in the world에 나오고 그린란드에 대한 내용이다.

STARTING UP   pp.154-155

정답 | 1. Dimensions of the Earth – (A), (D), (F), (G)
Structure of the Earth – (B), (C), (E), (H)
2. Causes of Floods – (A), (D), (E), (F)
Causes of Avalanches – (B), (C), (G)

문장들을 읽고 그것들이 관련된 범주에 연결하세요.

1 (A) 지구의 지름은 거의 8,000 마일이다.
   (B) 지구의 가장 바깥 층은 지각이다.
   (C) 지각은 대륙들과 바다의 기저들을 포함한다.
   (D) 적도의 길이는 거의 25,000 마일이다.
   (E) 그 다음 층은 맨틀이다. 이곳이 지구열의 대부분이 있는 곳이다.
   (F) 가장 낮은 지점은 사해이다. 그것은 약 해발 1,300 피트이다.
   (G) 지구상에서 가장 높은 지점은 에베레스트 산이다. 그것은 해발 29,000 피트이다.
   (H) 마지막 층은 핵인데, 그것은 액체인 외핵과 고체인 내핵으로 분리되어 있다.

2 (A) 심한 폭풍우는 바다의 파도를 높게 일으키고 육지 쪽으로 움직이게 한다.
   (B) 눈이 불안정한 구조로 쌓인다.
   (C) 큰 소리로 인해 내린 눈이 이동하여 움직이게 된다.
   (D) 대량의 눈이 빨리 녹아 강으로 흘러 들어간다.
   (E) 해저 지진으로 심한 폭풍우나 만조, 또는 쓰나미가 발생한다.
   (F) 강이 둑을 넘어 범람한다.
   (G) (기반이) 약한 눈의 층이 갓 내린 눈 아래 깊이 묻혀있다.

VOCABULARY   pp.156-157

정답 |

● Write the meaning of each word in Korean.
회오리바람, 토네이도 / 곧 토네이도가 그 마을을 덮칠 것이다.
기울다 / 그 벽에 걸린 그림이 왼쪽으로 기울어져 있었다.
반대의, 다른 편의 / Ralph와 Mary는 서로 그 도시의 반대편에 살고 있다.
~로 구성되다 / 그 센터는 체육관과 수영장, 그리고 테니스장으로 구성되어 있다.
몹시 추운 / 그 선원들은 몹시 추운 물 속에서 5시간 동안 생존했다.
문명 / 옛날에 이 섬에는 고대 문명이 있었다.
범람하다 / 그 강은 올해 세 번 범람했다.
온화한 / 프랑스의 기후는 일반적으로 온화하다.
열대의 / 바나나는 열대 지역에서 자란다.
빙하 / 이 빙하는 하루에 7 피트의 속도로 흐른다.

● Match the definitions with the words.
1– d   2– a   3– b   4– f   5– c   6– e

● Complete the sentences with the words below.
1. tornado   2. flooded   3. tilts
4. tropical   5. civilizations

1 지난 주 토네이도에 의해 5천 채 이상의 집들이 손상되었다.
2 그 강이 범람했을 때, 상당한 피해를 야기했다.
3 여러분이 이 버튼을 누르면 의자가 기울어진다.
4 인도네시아에는 수천 개의 열대 섬들이 있다.
5 쿠스코는 세계에서 가장 유명한 문명들 중 하나의 중심이었다.

BUILDING UP ①   pp.158-159

정답 | Dust Devils – (C), (F)   Mirages – (A), (D)   / p.158

Fill in the blanks to complete the sentences.
1. sunny   2. lower

모래 바람과 신기루

사막은 극심하게 덥고 건조해서 가끔 특이한 일들이 그 안에서 발생한다. 예를 들어, 모래 바람은 토네이도처럼 보이지만, 보통 화창한 날 발생한다. 그것들은 모래를 빨아올리는 회오리 바람으로 이루어져 있다. 모래 바람의 폭이 10 미터가 될 수도 있지만, 보통 피해를 끼치지는 않는다.

사막의 신기루는 뜨거운 바람에 의해 생기는데, 그 열기 때문에 형상들이 실제보다 더 낮게 나타난다. 신기루는 흔히 멀리서 반짝이는 푸른 물체처럼 보인다. 그것들은 실제로 하늘에서 비치는 빛이지만, 사람들은 그것들을 호수라고 생각한다.

설명: 보기에서 적당한 구를 찾아서 그것들이 관련된 사막의 현상과 연결하라. 보기 중에서 두 개는 사용되지 않을 것이다.

보기 |
(A) 흔히 물로 착각된다.
(B) 많은 피해를 끼친다.
(C) 토네이도처럼 보인다.
(D) 푸르고 빛나는 것 같다.
(E) 보통 호수에서 발생한다.
(F) 회오리 바람으로 이루어져 있다.

▶ (A) 9~10째 줄 Although they are ~ people think they are lakes.에 나오며, Mirages에 대한 설명이다. (B)는 지문에 언급되지 않은 내용이다. (C)는 2~3째 줄 Dust devils, for example, look like tornadoes에 나오며, Dust Devils에 관한 내용이다. (D)는 8째 줄 Mirages often look like shiny blue objects로, Mirages에 해당한다. (E)는 지문에 언급되지 않은 내용이다. (F)는 4~5째 줄 They are made of spinning air로 보아, Dust Devils에 해당한다.

정답 | Solstices – (D), (F)   Equinoxes – (B), (E)   / p.159
Fill in the blanks to complete the sentences.
1. longest   2. tilts

지점(至點)과 분점(分點)

지구는 자전하면서 기울기도 한다. 하지는 지구가 가능한 한 태양 쪽으로 가장 멀리 기울어질 때 발생한다. 이 때에는 일년 중 밤이 가장 짧다. 지구가 반대쪽으로 기울면, 일년 중 밤이 가장 긴 동지이다.

지구는 일년에 두 번 태양 쪽으로나 태양 반대편으로 기울어지지 않는다. 이것은 분점이라고 알려져 있는데, 9월과 3월에 일어난다. 분점에서는 정확하게 밤이 12시간이고, 낮이 12시간이다.

설명: 보기에서 적당한 구를 찾아서 그것들이 관련된 이벤트와 연결하라. 보기 중에서 두 개는 사용되지 않을 것이다.

보기 |
(A) 약 12시간 동안 발생한다.
(B) 매년 9월과 3월에 일어난다.
(C) 지구가 반대쪽으로 자전하게 만든다.
(D) 매년 겨울과 여름에 일어난다.
(E) 밤낮이 동일하다.
(F) 지구가 태양 쪽이나 그 반대쪽으로 기울 때 일어난다.

▶ (A)는 지문에 언급되어 있지 않다. (B)는 8째 줄에 나오고 Equinoxes에 대한 내용이다. (C)는 지문에 언급되어 있지 않다. (D)는 1단락에 나오고, Solstices에 해당된다. (E)는 9째 줄에 나오고 Equinoxes에 대한 내용이다. (F)는 2~5째 줄에 나오고, Solstices에 해당된다.

BUILDING UP 2   pp.160-161

정답 | The Arctic – (C), (E)   / p.160
The Antarctic – (A), (D), (F)
Write the answer.
They stay there to study the frozen land.

북극과 남극

북극 지방은 북극 주변에 위치하고, 남극 지방은 지구 반대편 끝에 있다. 두 지방 모두 많은 눈과 얼음이 있다. 북극 지방은 여덟 개 나라의 일부와 북극해로 되어 있는 반면, 남극 지방은 하나의 대륙을 이루는 땅덩어리이다.

북극 지방은 매우 춥지만, 때때로 온화한 바람도 분다. 봄과 여름 동안은 식물이 울창하게 자란다. 그 지역 원주민들도 있다. 북극해는 얼음으로 덮여 있고, 그 밑에 육지가 없다.

남극 지방은 북극 지방보다 훨씬 더 춥고 바람이 더 강하다. 남극 지역에 나무가 자라지는 않지만 펭귄 같은 동물들은 있다. 연구원들을 제외하고는 남극 지방에 아무도 살지 않는다. 그것이 최초로 발견되었을 때, 너무 추웠기 때문에 아무도 신경을 쓰지 않았다. 오늘날에는 30개국 이상에서 온 연구원들이 그 얼어 붙은 땅을 연구하고 있다.

설명: 보기에서 적당한 구를 찾아서 그것들이 관련된 지역과 연결하라. 보기 중에서 두 개는 사용되지 않을 것이다.

보기 |
(A) 원주민이 없다.
(B) 다양한 동물이 있다.
(C) 따뜻한 계절 동안 많은 식물이 있다.
(D) 남극 주변에 위치해 있다.
(E) 얼음층 아래 대양을 포함한다.
(F) 펭귄의 서식지이다.
(G) 여덟 나라와 세 개의 바다가 있다.

▶ (A)는 11째 줄에 Nobody lives in the Antarctic이라고 했으므로, The Antarctic과 관련된 내용이다. (B)에 대한 내용은 지문에

서 찾을 수 없다. (C)는 5 6째 줄의 Plants grow thick during the spring and summer.로, The Arctic에 대한 내용이다. (D)는 1~2째 줄에서 북극 반대편, 즉 남극에 The Antarctic이 있다고 했다. (E)는 7~8째 줄에서, 북극해에 대해 설명하고 있다. (F)는 10~11째 줄에 there are animals such as penguins가 나오므로, The Antarctic에 대한 내용이다. (G)는 여덟 개 나라의 일부분을 포함하고 있지만, 세 개의 바다가 아니라 북극해 하나이므로 답이 될 수 없다.

정답 | The Tigris – (B), (E)　　　　　　　　　　／ p.161
　　　　The Euphrates – (A), (D), (F)
　　　　Write the answer.
　　　　It is believed that the world's first civilization developed between them.

티그리스 강과 유프라테스 강

　티그리스 강과 유프라테스 강은 터키, 시리아, 이라크를 관통해 흐르는 한 쌍의 강이다. 세계 최초의 문명이 이 강들 사이에서 발전했다고 믿어진다.
　티그리스 강은 이 두 강들 중 더 작다. 그 강은 길이가 1,850 킬로미터로, 유프라테스 강보다 약 1,000 킬로미터 더 짧다. 그 강은 터키 남부에서 시작해 페르시아 만으로 흘러든다. 그 강은 자주 범람해서, 그 근처에 지어진 대도시가 거의 없다. 그 강은 고대 메소포타미아의 동쪽 경계를 이루고 있었다.
　유프라테스 강은 메소포타미아의 서쪽 경계를 이루고 있었다. 고대 바빌론을 포함한 많은 대도시들이 그 근처에 있어왔다. 안타깝게도 많은 댐이 유프라테스 강에 건설되어 왔고, 그 결과 과거에는 식물과 나무로 가득했던 땅이 지금은 메말라 생명체가 살지 않는다.

설명: 보기에서 적당한 구를 찾아서 그것들이 관련된 강과 연결하라. 보기 중에서 두 개는 사용되지 않을 것이다.

보기 |
(A) 그 근처에 많은 대도시들이 있어왔다.
(B) 자주 범람한다.
(C) 세계에서 두 번째로 긴 강이다.
(D) 길이가 거의 3,000 킬로미터에 달한다.
(E) 메소포타미아의 동쪽 경계였다.
(F) 댐들에 의해 환경적으로 피해를 입었다.
(G) 이라크에서 시작해 터키 남부로 흘러든다.

➲ (A)는 9~10째 줄, 3단락에 나오고 The Euphrates에 대한 내용이다. (B)는 7째 줄, 2단락에 나오고 The Tigris에 대한 내용이다. (C)는 지문에 언급되어 있지 않다. (D)는 2단락에 나오고 The Euphrates에 해당된다. The Tigris가 약 1,850 킬로미터이며, The Euphrates보다 1,000 킬로미터 정도 더 짧다고 했으므로, 1,850 + 1,000으로 계산하면 된다. (E)는 7~8째 줄, 2단락에 나오고 The Tigris에 대한 내용이다. (F)는 11~12째 줄, 3단락에 나오고 The Euphrates에 해당된다. (G)는 지문에 언급되어 있지 않다.

CHALLENGE TOEFL iBT®　　　　　pp.162-165

정답 | 1. (B)　2. (D)　3. (C)　4. (A)　5. (C)
　　　　6. North America – (C), (E)
　　　　　 South America – (A), (D), (F)

아메리카

　아메리카는 북아메리카와 남아메리카로 이루어져 있다. 이 두 대륙은 지표면의 8.3 퍼센트를 덮고 있다. 그것들은 삼면이 바다로 둘러싸여 있고, 비슷한 형태의 암석이 그것들의 지각을 형성하고 있다. 두 대륙의 서쪽 옆면을 따라 신생 산맥이 있고, 고원들 사이에는 저지대 지역도 있다.
　북반구에 위치한 북아메리카의 기후는 온화한 반면, 남반구에 위치한 남아메리카의 기후는 열대성이다. 북아메리카는 북극해 때문에 매우 차가운 수역을 가지고 있다. 이것이 바로 그것이 거대한 빙하를 가지고 있는 이유이다. 남아메리카는 북동쪽에 따뜻한 수역과 산호초를 가지고 있다. 남아메리카 남쪽 끝 지역에서만 차가운 수역과 빙하가 발견된다.
　북아메리카와 남아메리카에는 각기 특별한 지역들이 있다. 북아메리카에는, 대평원, 서부의 산맥, 북동쪽의 높지만 평평한 고원, 다양한 동부지역, 이렇게 네 개의 웅장한 지역이 있다. 남아메리카는 서부에 산맥이 있고, 아마존 분지로 알려진 넓은 열대우림과 사막 지역이 있다.

plateau 고원

1 지문에서 주로 논하는 것은 무엇인가?
(A) 북아메리카와 남아메리카 주변의 대양들
(B) 북아메리카와 남아메리카의 지리적 특징들
(C) 북아메리카와 남아메리카의 비슷한 지역들
(D) 북아메리카와 남아메리카 사이의 기후적 차이들

➲ (A), (C), (D)는 전체 글의 핵심 주제가 아니라 세부 사항에 해당된다. 지문을 훑어 보면 북아메리카와 남아메리카의 다양한 지리적 요소들을 설명하고 있다.

2 1단락에서 단어 surrounded 와 의미가 가장 가까운 것은
(A) 공격 당한
(B) 덮인
(C) 막힌
(D) 둘러싸인

➲ surrounded는 '둘러싸인'이라는 뜻이므로, 가장 비슷한 뜻을 가진 (D) bordered가 답이 된다.

3 다음 중 1단락에서 두 지역의 공통점으로 언급되지 <u>않은</u> 것은
(A) 서부의 산맥
(B) 지각을 형성하는 암석의 유형
(C) 따뜻한 수역
(D) 고원들 사이의 저지대

---

42 ACTIVATOR_READING

◐ 1단락에 두 대륙의 공통점인 (A), (B), (D)가 설명되어 있지만, warm waters는 두 대륙의 공통점이 아니라 2단락에서 South America has warm waters라고 했으므로, 답은 (C)이다.

4 2단락에서 단어 This 가 가리키는 것은
(A) 차가운 수역을 가지고 있는 것
(B) 남반구에 위치해 있는 것
(C) 기후가 온화한 것
(D) 북동쪽에 산호초가 있는 것

◐ This의 앞 문장 North America has very cold waters because of the Arctic Ocean.과 그 다음에 나오는 why it has huge glaciers는 인과관계를 나타내므로, This가 (A)를 가리키는 것임을 유추할 수 있다.

5 2단락에서 단어 tip 을 대신하기에 가장 적합한 것은
(A) 돈
(B) 충고
(C) 끝
(D) 비축

◐ 2단락에서 tip은 '끝'의 의미로 사용되었으므로, (C) end가 답이 된다.

6 설명: 보기에서 적당한 구를 찾아서 그것들이 관련된 대륙과 연결하라. 보기 중에서 두 개는 사용되지 않을 것이다.

보기 |
(A) 북동쪽에 따뜻한 수역을 가지고 있다.
(B) 북동쪽에 산맥을 가지고 있다.
(C) 네 개의 특별한 지역으로 되어 있다.
(D) 분지 안에 있는 숲을 가지고 있다.
(E) 일반적으로 기후가 온화하다.
(F) 일반적으로 날씨가 덥다.
(G) 지표면의 8.3 퍼센트를 덮고 있다.

◐ (A)는 11째 줄에 South America has warm waters라고 나오므로, South America에 해당한다. (B)는 4~5째 줄 There are young mountain ranges along the western side of both continents.로 두 대륙 공통점에 대한 설명이다. (C)는 15째 줄에 North America has four great regions라고 했으므로, North America에 해당한다. (D)는 18~19째 줄 a large tropical rainforest known as the Amazon Basin이 나오며 South America를 설명한다. (E)는 7~8째 줄에 The climate of North America ~ is temperate.으로 North America에 해당한다. (F)는 8~9째 줄에 the climate of South America ~ is tropical이라고 나오므로, South America에 대한 설명이다. (G)는 2째 줄에 나오며, 두 대륙 공통점에 대한 설명이다.

● **COLLOCATION** / p.166

정답 | 1. be full of ~로 가득 찬
2. consist of ~로 이루어지다

3. caused by ~에 의해 야기된
4. native to 토종의, ~에 고유한
5. from time to time 때때로
6. surrounded by ~로 둘러싸인
7. sucks up 빨아 올리다
8. empties into ~로 흘러들다
9. used to (과거에) ~였다

PROGRESS TEST 2

PROGRESS TEST 2 pp.168-169

정답 | 1. (C) 2. (A) 3. 3C
4. Facts about the White Horse – (C), (D), (F)
Beliefs about the White Horse – (A), (E)

어핑턴의 백마

영국 남부의 한 언덕 면에 거대한 백마 그림이 있다. 그것이 어핑턴 마을 근처에 있기 때문에, 그것은 어핑턴의 백마라고 알려져 있다.

그 백마는 길이가 110 미터이고 실제로 그 언덕에 새겨져 있다. 그것을 흰색으로 보이게 하는 것은 바로 땅 아래 감춰져 있는 백악(백색 연토질 석회암)이다. 한 전설에 따르면 그것은 서기 875년 바이킹 침입자에게 승리한 것을 기념하기 위해 새겨진 것이라고 한다. 그러나 과학자들은 그것이 그보다 훨씬 더 오래되었다는 것을 발견했다. 그들의 연구에 따르면, 그것은 기원전 1380년에서 550년 사이에 만들어졌다.

아무도 그것이 만들어진 이유를 모른다. **3A** 어떤 사람들은 그것이 단지 누가 그 땅을 소유하고 있는지 나타냈다고 믿는다. **3B** 그러나 다른 사람들은 그것이 '태양의 말'이라는 상상의 동물을 나타낸다고 생각한다. 오늘날 그 백마는 그 지역 주민들의 사랑을 받고 있다. **3C** 그들은 식물을 제거하고 백악을 새로 덧입힌다. 이것은 그 백마를 밝고 깨끗하게 유지시켜, 모두가 그 아름다움을 즐길 수 있게 해 준다. **3D**

solar 태양의

1 어핑턴의 백마가 흰색인 이유는
(A) 그 색이 고대 바이킹들에게 승리를 상징했기 때문에
(B) 시간이 지나면서 원래 색이 바랬기 때문에
(C) 그 지역의 땅 밑에 백악이 있기 때문에
(D) 그 지역 주민들이 그것에 흰색 페인트를 덧칠했기 때문에

Answer Keys **43**

◐ 2단락 It is chalk hidden beneath the soil that makes it appear white.에서 백마가 그려진 지역의 토양에 백악이 섞여 있기 때문에 백마가 흰색으로 보이는 것임을 알 수 있다.

2 왜 작가는 3단락에서 solar horse 를 언급하는가?
(A) 그 백마가 의미할 수 있는 것을 제시하기 위해서
(B) 비슷한 고대 예술품의 예를 들기 위해서
(C) 그 백마가 오늘날 얼마나 유명한지 보여주기 위해서
(D) 그 백마의 주요 특성을 서술하기 위해서

◐ 어핑턴의 백마가 만들어진 이유에 대한 몇 가지 가설을 들면서 그것이 상상의 동물인 '태양의 말'을 나타내는 것일 수도 있다고 했으므로, (A)가 답이다.

3 주어진 문장이 지문에 들어갈 수 있는 곳을 가리키는 네 개의 네모 [■]를 보라.

매년 여름 그들은 그것을 정비하기 위해 모인다.

이 문장이 어디에 가장 적절한가?

◐ 주어진 문장에서 they는 the local people을, 그리고 it은 the White Horse를 가리킴을 유추할 수 있다. 그러므로 주어진 문장이 들어가기에 문맥상 가장 적절한 곳은 3C이다.

4 **설명:** 보기에서 적당한 구를 찾아서 그것들이 관련된 범주와 연결하라. 보기 중에서 두 개는 사용되지 않을 것이다.

보기 |
(A) 바이킹에게 승리를 거둔 후 만들어졌다.
(B) 그 색은 수 세기에 걸쳐 변해왔다.
(C) 길이가 100 미터 이상이다.
(D) 기원전 500년 이전 어느 때 만들어졌다.
(E) 사람들에게 그 땅이 누구에게 속해 있는지 알려주었다.
(F) 그 지역 주민들에 의해 해마다 보수된다.
(G) 지금은 존재하지 않는 더 큰 그림의 복사본이다.

◐ (A)는 6~7째 줄 A legend says ~ over Vikings invaders에서, Beliefs about the White Horse에 해당함을 알 수 있고, (B)는 지문에 언급되지 않은 내용이다. (C)는 4째 줄 The horse is 110 meters long에서, (D)는 8~9째 줄 it was created between 1380 and 550 BC에서 Facts about the White Horse에 관한 설명임을 알 수 있다. (E)는 10~11째 줄 Some people believe ~ owned the land.에서, Beliefs about the White Horse에 해당함을 알 수 있고, (F)는 13~14째 줄 They clear away ~ add new chalk. This keeps ~ bright and clear에서 Facts about the White Horse에 관한 설명임을 알 수 있다. (G)는 지문에 언급되지 않은 내용이다.

PROGRESS TEST 2   pp.170-171

정답 | 5. (D)   6. (B)   7. (A)   8. (C), (A), (F)

베기오 다리

베기오 다리는 이탈리아 플로렌스에 있는 석조 다리로, 아르노 강의 가장 좁은 지점에서 강을 가로지른다. 그 이전에는 다리 네 개가 같은 위치에 세워졌었다. 이들 중 마지막 다리가 1333년 홍수로 부서졌고, 1345년에 현재의 다리가 세워졌다. 그 다리의 양편에는 점포들이 늘어서 있고, 다리 위는 끝에서 끝까지 뻗어 있는 폐쇄형 보도로 덮여 있다. 그 점포들은 원래 정육점 주인들이 차지하고 있었으나, 후에 보석 상인들이 그 자리를 대신했다. 그 보도는 1565년 부유한 메디치 가문을 위해 세워졌다.

제2차 세계대전 동안, 나치 군인들은 영국군이 아르노 강을 건너지 못하게 하려고 플로렌스의 모든 다리들을 파괴하기 시작했다. 그대로 남겨진 유일한 다리가 베기오 다리인데, 아무도 그 정확한 이유를 모른다. 한 이야기에 따르면, Adolph Hitler가 그 다리에서 보이는 풍경을 즐겨서, 그들에게 그 다리를 남겨 두라고 명령했다고 한다.

Arno River 아르노 강

5 1단락에서 단어 spans 와 의미가 가장 가까운 것은
(A) ~ 주위를 돌다
(B) ~에 닿다
(C) ~에서 시작하다
(D) ~에 걸쳐지다

◐ spans는 '가로지르다'라는 의미로 사용되었고, 이와 가장 뜻이 비슷한 어구는 (D) extends across이다.

6 지문에서 음영 처리된 문장의 핵심 정보를 가장 잘 나타낸 것은 아래 문장들 중 어느 것인가? 잘못된 보기들은 중요한 의미를 바꾸거나 핵심 정보를 생략한다.
(A) 그 다리의 한쪽 끝에는 보도가 있고, 다른 쪽 끝에는 점포들이 있다.
(B) 그 다리의 양쪽에 점포들이 있고, 그(다리) 위에는 보도가 있다.
(C) 그 다리의 양쪽 끝을 따라 보도가 놓여 있지만, 점포들은 한쪽 끝에만 있다.
(D) 그 강의 한쪽에 있는 점포들 위에 있는 보도가 그 다리로 연결된다.

◐ Either side of the bridge, lined with shops, topped with, walkway가 음영 처리된 문장의 요지를 나타내는 어구들이므로, 이 내용을 함축적으로 모두 포함한 (B)가 답이다.

7 지문에서 단어 them 이 가리키는 것은
(A) 나치 군인들
(B) 플로렌스의 모든 다리들
(C) 영국군
(D) 그 다리에서 보이는 풍경

◐ 대명사 them의 앞뒤 문맥상, them은 Hitler의 명령을 받는 대상이므로 (A) Nazi soldiers 대신 사용되었음을 알 수 있다.

8 **설명:** 지문에서 가장 중요한 내용을 표현한 세 개의 보기를 선택하여 요약을 완성하라.

베키오 다리는 이탈리아 플로렌스에 있는 다리이다.

보기 |
(A) 그것은 점포들과 폐쇄형 보도가 특징이다.
(B) 그 보도들은 메디치 가문에 의해 사용되었다.
(C) 그것은 그 이전 다리가 파괴된 후, 1345년에 세워졌다.
(D) 그것은 아르노 강의 가장 넓은 지점을 가로지른다.
(E) 그 점포들을 사용했던 정육점 주인들의 자리를 보석 상인들이 차지했다.
(F) 플로렌스의 다른 다리들과 달리, 그것은 제2차 세계대전 동안 파괴되지 않았다.

▶ 지문 전체를 다시 한 번 빠르게 훑어 보면, 베키오 다리가 세워질 때의 상황, 그 다리의 특징, 그리고 제2차 세계대전 동안 파괴되지 않은 사실이 차례로 서술되고 있으므로, (C), (A), (F)가 요약 문장이 된다.

ACTUAL TEST

ACTUAL TEST pp.174-179

정답 | 1. (D) 2. (B) 3. (A) 4. (B) 5. 5D 6. (C)
7. (A) 8. (D) 9. 9A
10. WASP-39b's similarities to Saturn – (A), (F), (H)
WASP-39b's differences from Saturn
– (C), (D), (E)

WASP-39b

WASP-39b는 외계행성, 즉 우리의 태양계 밖에 있는 행성이다. 과학자들은 그것에 대해 더 알고 싶어했지만, 그것은 약 700 광년 떨어져있다. 그것은 우주 탐사용 로켓들이 여행하기에도 너무 멀어서, 그들은 강력한 우주 망원경을 사용해야 했다.

WASP-39b는 토성과 크기가 거의 같다. WASP-39b의 항성이 태양과 비슷하긴 하지만, 그것들(WASP-39b와 그 항성)은 서로 훨씬 더 가깝기 때문에, WASP-39b는 4일만에 그 주위를 공전한다. 이와는 반대로, 토성은 태양 주위를 공전하는 데 거의 30년이 걸린다. **5A** 토성과는 달리 WASP-39b의 한쪽 면은 항상 그것의 항성을 마주 보고 있다. **5B** 그래서 그 행성의 한쪽 면은 항상 낮이다. **5C** 낮이 계속되는 면의 평균 기온은 섭씨 777도이다. **5D**

토성과 WASP-39b는 모두 대기에 물이 있지만, WASP-39b의 대기가 (물을) 훨씬 더 많이 포함하고 있다. **9A** 이것은 그 두 행성이 서로 다른 식으로 형성되었다는 것을 뜻한다. **9B** 토성은 태양 근처에서 형성되었지만, 과학자들은 WASP-39b가 그것이 공전하는 항성에서 멀리 떨어진 곳에서 발생했다고 생각한다. **9C** 그 후에, 그것은 우주를 천천히 떠돌아다니면서 얼음이 섞인 물체들과 충돌했다. **9D** 이것이 그 행성의 대기에 더 많은 물을 추가해 주었다. 결국, WASP-39b는 그것의 항성 중력에 붙잡혔고, 이것이 WASP-39b가 그 항성에 왜 그렇게 가까운 곳에 있는지도 설명해 줄 수 있을 것이다.

light year 광년 **gravity** 중력

1 지문이 주로 논하는 것은 무엇인가?
(A) 우리 태양계의 다양한 유형의 행성들
(B) 한 외계행성이 어떻게 형성되었는지에 대한 두 가지 이론
(C) 지구와 토성의 차이점들
(D) 멀리 떨어져있는 한 외계행성의 특성들

▶ 지문 전반에서 외계행성인 WASP-39b의 크기, 공전 주기, 기온, 대기, 형성 과정 등에 대해 설명하고 있으므로, (D)가 답이다.

2 왜 작가는 1단락에서 space probes 를 언급하는가?
(A) 외계행성들이 측정되는 방법을 보여주기 위해서
(B) WASP-39b가 얼마나 멀리 떨어져 있는지 강조하기 위해서
(C) 외계행성의 예를 들기 위해서
(D) 과학자들이 WASP-39b를 연구하는 이유를 설명하기 위해서

▶ WASP-39b가 700광년 정도 떨어져 있는 행성이라고 하면서 우주 탐사용 로켓들도 가기 힘들다고 했으므로, 얼마나 먼 곳에 있는지를 다시 한번 강조하기 위해 사용되었음을 알 수 있다.

3 1단락에서 단어 they 가 가리키는 것은
(A) 과학자들
(B) 광년들
(C) 우주 탐사용 로켓들
(D) 우주 망원경들

▶ they 뒤 서술부를 보면 강력한 우주 망원경을 사용해야 했다는 말이 나오므로, they의 주체가 도구를 다루는 사람, 즉 (A) scientists 여야 문맥상 뜻이 통한다.

4 지문에서 음영 처리된 문장의 핵심 정보를 가장 잘 나타낸 것은 아래 문장들 중 어느 것인가? 잘못된 보기들은 중요한 의미를 바꾸거나 핵심 정보를 생략한다.
(A) 태양과의 거리 때문에, WASP-39b의 항성은 빨리 움직인다.
(B) WASP-39b는 그것의 항성과 가까워서, 그 주위를 4일만에 공전할 수 있다.
(C) 토성과 지구 사이의 거리가 태양과 WASP-39b의 항성 사이의 거리보다 더 가깝다.
(D) 지구가 WASP-39b의 항성 주위를 공전하는데 약 4일이 걸릴 것이다.

⊙ an entire orbit, four Earth days, closer together가 음영 처리된 문장의 요지를 나타내는 어구들이다. 그러므로 이 내용을 빠짐없이 잘 나타낸 것은 (B)이다.

5 주어진 문장이 지문에 들어갈 수 있는 곳을 가리키는 네 개의 네모 [■]를 보라.

이것은 평균 기온이 섭씨 영하 178도인 토성보다 훨씬 더 뜨겁다.

이 문장이 어디에 가장 적절한가?

⊙ 주어진 문장의 This는 기온과 관계된 말을 대신 받는 말이다. WASP-39b의 기온에 대한 설명은 2단락 마지막 문장이므로, This는 777°C를 가리킨다. 그러므로 주어진 문장은 5D에 오는 것이 문맥상 자연스럽다.

6 2단락에서 추론할 수 있는 것은
(A) WASP-39b에서의 하루는 약 4시간 지속된다.
(B) 태양은 WASP-39b의 항성보다 훨씬 더 크다.
(C) WASP-39b의 한쪽 면은 항상 밤이다.
(D) WASP-39b 대기 안의 물이 사라지고 있다.

⊙ WASP-39b의 한쪽 면은 항상 그것의 항성을 마주 보고 있어서 그 행성의 한쪽 면은 항상 낮이라고 했으므로, 그 반대쪽에 있는 면은 항상 밤이라는 것을 유추할 수 있다.

7 3단락에서 단어 seized 를 대신하기에 가장 적합한 것은
(A) 잡힌
(B) 발생된
(C) 들린
(D) 제거된

⊙ '붙잡다, 장악하다'라는 뜻의 seize가 수동태에서 과거분사로 사용되어 '붙잡힌'의 의미를 나타내므로, 그것을 대체할 수 있는 동의어는 (A) captured이다.

8 다음 중 사실이 아닌 것은
(A) WASP-39b에서 낮의 기온은 섭씨 700도 이상이다.
(B) 지구와 WASP-39b는 약 700 광년 떨어져있다.
(C) 과학자들은 우주 망원경으로 WASP-39b를 연구했다.
(D) 토성은 WASP-39b보다 대기 중에 물이 더 많다.

⊙ 3단락 첫 부분에서 Saturn and WASP-39b have water in their atmospheres, but WASP-39b's atmosphere contains far more라고 했으므로, 토성보다 WASP-39b의 대기 중에 물이 더 많다. 따라서 지문 내용과 부합하지 않는 것은 (D)이다.

9 주어진 문장이 지문에 들어갈 수 있는 곳을 가리키는 네 개의 네모 [■]를 보라.

사실, 그것의 3배가 있다.

이 문장이 어디에 가장 적절한가?

⊙ 어떤 것의 양에 대한 설명이므로, 토성과 WASP-39b의 대기 안에 있는 물의 양을 설명한 3단락의 첫 문장 다음인 9A에 놓이는 것이 문맥상 가장 자연스럽다.

10 설명: 보기에서 적당한 구를 찾아서 그것들이 관련된 범주와 연결하라. 보기 중에서 두 개는 사용되지 않을 것이다.

보기 |
(A) 그 크기
(B) 중력의 세기
(C) 그것이 형성된 방식
(D) 그것의 공전 길이
(E) 그것의 평균 기온
(F) 그것의 항성
(G) 그 표면 위의 물의 양
(H) 그 대기 중의 물의 존재

⊙ (A)는 5째 줄 WASP-39b is about the same size as Saturn.에서 두 행성의 유사점을 말한다. (B)는 지문에 언급되지 않은 내용이다. (C)는 14~15째 줄 the two planets formed in different ways에서 두 행성의 차이점임을 알 수 있다. (D)는 6~9째 줄에서 두 행성 공전 주기 차이를 말하고 있다. (E)는 9~12째 줄에서 토성과 달리 WASP-39b의 한쪽 면이 항상 낮인 것을 설명하며 온도를 말하고 있으므로, 두 행성의 차이점이다. (F)는 5~6째 줄에서 its star is similar to the Sun이라고 했으므로, 두 행성의 유사점이다. (G)는 지문에 언급되지 않은 내용이다. (H)는 3째 줄 Both Saturn and WASP-39b have water in their atmospheres에서 두 행성의 유사점임을 알 수 있다.

• **More to Know**

Exoplanet 외계행성

외계행성은 태양계 밖에 있는 항성 주위를 도는 행성으로, 최초로 확인된 외계행성은 1992년 공식적으로 보고된 처녀자리에 있는 펄서(눈에 보이지는 않지만 주기적으로 빠른 전파나 방사선을 방출하는 천체) PSR B1257+12 주위를 공전하는 행성이다. 외계행성이 발견되면 항성 이름 뒤에 발견 순서에 따라 b, c, d 같은 알파벳 소문자를 붙여 명명한다. 외계행성을 찾아내는 대표적 방법은 직접 촬영(direct imaging) 방법, 시선속도(radial velocity) 방법, 별표면통과(transit) 방법 등이다. 외계행성 중 생명 현상에 필요한 액체 상태의 물이 존재할 수 있는 온도를 유지하는 행성을 골디락스 행성이라고 한다.

ACTUAL TEST   pp.180-185

정답 | 11. (C) 12. (C) 13. (D) 14. (A) 15. (C) 16. D
　　　 17. (B) 18. (A) 19. (B) 20. (B), (E), (D)

실크로드

실크로드는 고대 교역로의 이름이다. 그것은 일찍이 기원전 6세기에 사용되었고, 8,000 킬로미터 이상 뻗어나갔다. 그것은 현재의 이란, 이라크, 시리아뿐만 아니라, 중국과 북인도 그리고 로마 제국을 관통했다. 실크로드는 사실 길들이 함께 연결된 도로망이었지만, 상인들은 그것들을 단 한 가지 이름으로 불렀다.

원래 그 길은 중국의 비단 상인들에 의해 사용되었다. 중국인들이 로마와 다른 아시아 왕국들에게 비단을 선물로 주기 시작하면서, 실크로드가 확장되었다. 곧이어 금, 식물, 약, 그리고 가축 같은 다른 많은 물건들이 그 길로 운반되었다. A 실크로드를 여행하는 것은 쉽지 않았다. B 상인들은 타클라마칸 사막을 통과해야 했다. C 이 사막의 또 다른 이름은 돌아오지 않는 사막이었다. D

실크로드는 중국, 이집트, 메소포타미아, 페르시아, 인도, 그리고 로마의 많은 문명들이 발전하게 도왔다. 비록 서로 다른 지역에서 온 사람들이 실크로드에서 만난 주된 이유는 물건을 사고 파는 것이었지만, 문화 교류도 많이 이루어졌다. 예를 들어, 불교가 인도에서 중국으로 전파되는데 실크로드가 중요한 역할을 했다.

Taklamakan Desert 타클라마칸 사막

11 지문의 주요 요지는 무엇인가?
(A) 고대 중국인들은 그들의 부를 사용해서 실크로드를 만들었다.
(B) 실크로드는 여행 하기에 위험한 길이었다.
(C) 실크로드에서 물건과 문화가 모두 교류되었다.
(D) 실크로드는 중국 문명이 발달하도록 도왔다.

➲ 실크로드가 다양한 나라의 사람이 교역을 하고 나아가 서로의 문화를 나누게 된 길이라는 것을 설명하는 글이므로, (C)가 답이다.

12 1단락에서 단어 connected 와 의미가 가장 가까운 것은
(A) 유도된
(B) 저장된
(C) 연결된
(D) 동의된

➲ connected는 수동태 과거분사형으로 '연결된'의 뜻으로 사용되었고, 같은 뜻을 가진 단어는 (C) linked이다.

13 1단락에서 구 a single name 이 가리키는 것은
(A) 중국
(B) 로마 제국
(C) 시리아
(D) 실크로드

➲ a single name의 앞 부분에서 실크로드는 실제로 여러 개의 길이 연결된 도로망이었지만 그 길들을 단지 하나의 이름으로 불렀다고 했으므로, 그것이 (D) the Silk Road를 가리킴을 알 수 있다.

14 2단락에서 추론할 수 있는 것은
(A) 로마 제국은 실크로드를 이용해 아시아와 교역을 했다.
(B) 타클라마칸 사막은 밤에만 위험하다.
(C) 중국 상인들은 실크로드를 이용하는 것을 좋아하지 않았다.
(D) 중국인들은 금이나 식물, 약 또는 가축을 필요로 하지 않았다.

➲ 중국인들이 로마와 다른 아시아 왕국들에게 비단을 선물로 주기 시작하면서 확장된 실크로드를 통해 많은 물건들이 운반되었다는 설명에서 (A)를 유추할 수 있다.

15 왜 작가는 2단락에서 거래된 물건을 자세히 서술하는가?
(A) 물건을 운반하는 것이 더 힘들게 되었다는 것을 제시하기 위해서
(B) 다른 물건들이 더 중요했던 이유를 설명하기 위해서
(C) 실크로드에서의 교역이 얼마나 발전했었는지 보여주기 위해서
(D) 단지 중국인들만 비단을 팔았다는 것을 지적하기 위해서

➲ 거래된 물건들의 항목을 나타낸 어구 바로 앞에 the Silk Road grew가 나와 있으므로, 실크로드에서 이루어 지는 교역이 얼마나 발전했는지를 구체적으로 제시하기 위함임을 알 수 있다.

16 주어진 문장이 지문에 들어갈 수 있는 곳을 가리키는 네 개의 네모 [■]를 보라.

이는 많은 여행자들이 그것을 통과하는 동안 죽었기 때문이었다.

이 문장이 어디에 가장 적절한가?

➲ 주어진 문장의 it이 타클라마칸 사막을 가리키며, 어떤 일의 이유를 밝히고 있으므로, 문맥상 그 사막이 돌아오지 않는 사막으로 불렸다는 말 뒤인 D에 놓여야 자연스럽게 연결된다.

17 2단락에서 단어 goods 를 대신하기에 가장 적합한 것은
(A) 조사 결과들
(B) 제품들
(C) 조건들
(D) 상들

➲ goods는 '물건, 상품'의 뜻으로 사용되었으므로, 유사한 의미인 (B) products가 답이다.

18 지문에서 음영 처리된 문장의 핵심 정보를 가장 잘 나타낸 것은 아래 문장들 중 어느 것인가? 잘못된 보기들은 중요한 의미를 바꾸거나 핵심 정보를 생략한다.
(A) 실크로드는 사람들이 물건을 거래하고 다른 문화에 대해 배우도록 도왔다.
(B) 서로 다른 나라에서 온 사람들이 실크로드에서 물건을 팔았다.
(C) 실크로드를 건설하기 위해 여러 나라들이 힘을 합쳤고, 후에 그것을 통해 물건을 운반했다.
(D) 물건을 사고 파는 것을 제외하고는 사람들이 실크로드를 다닐 이유가 없었다.

➲ people, met, the Silk Road, to buy and sell goods, cultural exchange가 음영 처리된 문장의 요지를 나타낸 어구들이므로, 이 내용을 모두 함축해 나타낸 (A)가 답이 된다.

19 다음 중 실크로드를 통한 교역의 결과가 아닌 것은
(A) 문화적 믿음 공유
(B) 사막 도로의 개선
(C) 교역 증가
(D) 국제 관계의 성장

➲ 실크로드를 이용해 여러 다른 나라들 간의 교역 및 문화 교류가 발전했다고 했지만, 사막 도로의 개선에 대한 언급은 찾아 볼 수 없다.

20 설명: 지문의 간단한 요약을 위해 도입 문장이 아래에 주어진다. 지문에서 가장 중요한 내용을 표현한 세 개의 보기를 선택하여 요약을 완성하라. 어떤 문장들은 지문에 제시되지 않거나 중요하지 않은 내용을 표현하므로 요약에 포함되지 않는다.

실크로드는 기원전 6세기에 시작되었고, 길이가 약 8,000km였다.

보기 |
(A) 실크로드는 아시아의 나라들을 연결해 주었다.
(B) 실크로드 교역은 중국산 비단으로 시작되었다.
(C) 많은 중국 상인들이 타클라마칸 사막을 지나갔다.
(D) 실크로드는 문화를 공유하는 길이 되었다.
(E) 여러 나라들의 관계가 실크로드 교역을 늘렸다.
(F) 중동 사람들은 중국인들의 영향으로 불교 신자가 되었다.

➲ 주어진 보기들 중 세부 사항에 해당하는 (A), (C)와 지문의 내용과 부합하지 않는 (F)를 제외시킨 다음, 실크로드의 시작과 발전 과정을 서술하고 있는 (B), (E), (D)를 선택해 글의 순서대로 나열한다.